藍學堂

學習・奇趣・輕鬆讀

讓你累積財富、享受人生的理財魔法書

賺錢，也賺幸福

麥可．勒巴夫——著

李振昌——譯

MICHAEL LeBOEUF, PH.D.

THE MILLIONAIRE IN YOU

Ten Things You Need to Do Now to Have Money and Time to Enjoy It

推薦序　等我有錢之後……然後呢？

施昇輝

我常聽到很多人說：「等我有錢之後，想做什麼就可以做什麼。」這句話有兩個盲點，一是「要有多少錢，才算『有錢』？」；二是「沒錢，就什麼都不能做嗎？」

大多數人都無法明確回答第一個問題，心裡想的都是「愈多愈好」，然後就永無止境地在追求財富，因為「再多都不嫌多」，結果成了金錢的奴僕，不是爆肝拚命工作，就是窮盡心力鑽研投資致富之法。前者不斷殘害身體的健康，結果就算有錢了，卻什麼都做不了了；後者不斷造成心理的焦慮，也不一定能真的賺到錢，甚至大多數人還可能把工作賺來的錢賠掉。

關於第二個問題，反而容易回答，只是大家經常只想到「物質面」，而沒有想到「精神面」，例如與家人的相處，它能帶來無盡的「幸福」，卻無需支出很多的「金錢」。親情貴在「即時的陪伴」，而不是用「將來的財富」來補償。此外，在汲汲營營追求金錢的同時，你是否忘記了曾經有過的夢想？或是忽略了一些對生命更有意義的事情？這些或許都不需要花什麼

「金錢」，只要留點「時間」去追求就好。

這本書想與讀者分享的最重要理念，就是在「人生」與「金錢」之中，哪一個該「主動」投資？哪一個該「被動」投資？但大多數人都搞錯了。努力工作固然重要，但也不該讓所有的時間都被工作綁架；投資理財當然不可或缺，但也不該過度勞心勞力，因為它不可能保證讓你賺到錢。作者在書中揭櫫的「勒巴夫定律」，就是「主動投資人生，被動投資金錢」。

你要過怎樣的人生？當然該「主動」掌握在自己的手中，誠如作者所言，務必避免掉入「時間」和「金錢」的陷阱，由自己決定時間的分配，而不是被時間所束縛。用時間換來的「薪資」，絕對不是唯一的財富，如果有餘裕拿來「享受人生」，這才是真正的富足。

在這個低薪、高物價的時代，大家都同意「人不理財，財不理你」，但是該如何投資理財呢？作者建議該「被動」投資，也就是去買「指數型基金」，而不該「主動」選股，因為長期來看，很少人的投資績效會贏過市場，那又何必浪費寶貴的時間和精力呢？這點與股神巴菲特的理念不謀而合，而我個人近幾年不斷推廣「無腦」、「佛系」理財術，也是希望大家不要再因投資而焦慮，這樣才有更多的精力去面對及因應人生其他更重要的事。

願意「認命」與大盤表現一致，才能在股市賺到錢。就算你要選股，也請優先考慮「長期都有配息，且不可能會下市」的股票，反觀成天想賺「短線價差」的人，到頭來肯定就是那些超過九成的股市輸家。

如果你賺到了「金錢」，卻沒有因此而賺到「幸福」，一切都是枉然，因為「幸福」才是你人生該追求的終極目標，不是嗎？

（本文作者為暢銷理財作家）

推薦序　每一天都是特殊日子，用金錢享受生活

股魚

曾經在一場受邀的公司內部教育訓練課程中，問底下的學員一個有趣的問題：「你們愛錢嗎？請大聲的說出來」，現場有人大聲呼喊，也有人悶不吭聲。我詢問不說的理由，他們回答「我是為了理想而工作」。我告訴他們，不要在金錢的面前說謊，金錢是一種動機，只為理想而活的前提，是有足夠的金錢支持。沒有錢的時候，一切都只是空談，要能誠實面對自己對金錢的渴望，才能打開財務觀念的大門。

教育學習的前提是動機，一個人少了動機，學習新事物都僅是徒勞無功。當你翻開這本書的時候，希望你是帶著足夠的動機來翻開每一頁內容，帶著對富裕的渴望、對規畫財務自由的藍圖而來。事實上我是再次遇到這本書。在二〇〇四年時就曾拜讀過裡面的內容（舊版書名：《錢與閒：10件事，實踐人生，享受財富》）。當時仍是小工程師的我，對於財務自由仍處於一片空白的階段，光是要達成工作任務就耗費掉大量時間，更不用說靜下心來思考各種財務面

的問題。裡面有一段話是這樣說的：「主動投資自己的人生、被動地投資金錢」，這意思是：主動地思考自己想過什麼樣的人生，但是利用被動的指數工具進行投資規畫，不要讓投資綁架自己的生活。

書中從各種面向討論對於金錢的態度、工作的思考、投資的真相與保險規畫的議題，我在經歷過十多年的職場磨練、並順利達成所謂的財務自由後，再回頭看書中的內容，竟與現在的心境頗為類似。特別是關於退休與投資工具的想法與作者不謀而合，或許是當年書中的啟發影響至今也說不定。

退休不是終點，而是另一個起點

我在多次的講座中，遇到不少年輕投資人對投資懷有很多期待，想要快一點、想要多一點、想要有樂趣刺激一點，對於累積財富的想法大都是想提早退休。但退休的意義到底是什麼呢？我認為是一種從事職業的選擇。如果你很喜歡現在的工作，那麼退休這個念頭根本就不存在，要是每天都想退休，那大概是目前的工作讓你覺得不愉快，難以發揮所長，退休後就可以逃離職場的束縛。

這觀念上並不算正確，假設真的四十歲達成退休所需資金部位需求，也順利的離開職場了，那接下來的四十一年要怎麼辦呢？（依據內政部統計局二〇一八年生命表統計數據，台灣人平均餘命為八十一歲。），你會需要找點事情做，而此時，工作的意義就從賺到足夠的錢，變成挑一個自己擅長、有興趣的事情來做，而你此時確確實實的掌握了工作的選擇權。所以我說，財富自由的目的並不是為了退休，而是為了獲得「選擇權」。

指數工具——無聊但有效

而想要加速這個獲得「選擇權」的過程，投資是不可避免的，要嘛是自己創業投資，要嘛就是透過證券投資來獲得報酬率，後者相對簡單。但在工具的選擇上，並不是直接在證券市場中買進股票，而是利用指數工具投資（指數基金、ＥＴＦ）。這是一個很無聊的選擇，為什麼呢？因為指數投資永遠都無法超越指數，頂多是貼近指數，甚至於每年的平均年化報酬率都可以利用過去的數據估算出來，跟自行選股投資相比，報酬率與刺激度都太低了；而且買指數基金感覺有點搭不上投資話題，至少買個主題型的主動式基金，讓經理人幫我賺夠多的錢，不是更好嗎？

確實，指數工具需要投資人放棄「賺得比指數報酬率更多」的想法，也沒有自行選股的樂趣，更不要說搭上每年的各種投資題材，但指數報酬真的不好嗎？統計數據表示（以筆者著作《ＥＴＦ大贏家》內的數據資料），有超過七五％以上的共同基金，其績效落後指數，而這不含已經因績效太差而消失的基金。那我們不禁思考一個問題：如果大多數的基金經理人付出了時間研究市場、花了大量資源獲取產業報告、甚至於建置系統來追蹤企業數據，但最後的結果是「大多數的基金經理人都輸給市場」，那投資指數工具顯然是個明智的選擇，因為一開始就站在贏家的那一邊。

事實而言，要擊敗市場是一件很困難的事情，你也許不服氣，想說：「我只要找到能擊敗市場的經理人不就行了？」這想法是正確的，問題是，你很難事先知道每年都可以擊敗市場的基金經理人在哪裡。而我常對學員說的一句話是：「除非你有心持續投入選股，不然全市場型的指數投資是你最好的選擇」，即使到今日，這仍是不錯的建議。

活出價值享受人生

而本書除了告訴你投資外，也告訴你關於時間該怎麼分配，為自己創造最佳的價值，透過金錢的力量讓自己好好享受生活。我們每個人的每一天都是獨一無二的，為每天活出價值是我們的責任。這本書帶給讀者很多觀念，過了這麼多年，我再次閱讀，依舊收穫良多，尚未讀過的你也應該打開，細細感受作者所描繪的生活樣態。

（本文作者為不看盤投資達人）

推薦序　如何十年內達成財務自由？

Mr.Market市場先生

「長期投資很慢，有沒有賺更快的方法？」

這是我最常被人詢問的問題之一。

好幾年前我開始學投資的時候，曾在許多書籍和資料上看到：股票長期投資年化報酬率大約是八％上下。

當時我對這個數字很困惑，因為無論我怎麼算，如果只靠一般台灣上班族薪水及投資累積財富，想達成初步的財務自由，最快也要二十年以上的時間，這還是假設每月至少投入三萬元以上資金才可能達成。

那時我在電腦前看著EXCEL的結果想了很久，還是不明白到底是哪裡出錯了。如果電視、雜誌、網路上的資訊都告訴我們投資很重要、靠投資能達成財務自由，那為什麼需要這麼久，最少動輒二十年到四十年？這還是假設沒有遇到意外的情況。

當時的結論是：「八％或一〇％的報酬率太低、太保守了，我應該能夠試著創造更高的報酬率。」許多人在剛開始學投資時，也可能得到和我一樣的結論，進而開始學習各種投資方法與工具，試圖要「戰勝市場」。

在今天看起來，當時的想法源自於知識不足，對於市場認識太少。八％報酬率對如今的自己來說，其實已經是很不錯的數字了。

現在我會選擇用最簡單的被動投資方法管理自己一半以上的資金，這對我來說是最輕鬆的方式。

到底有沒有能幫自己更快達成財務自由的方法？我認為有兩點是關鍵：

1. 試著從終點往回頭看，能省下許多走冤枉路的時間。
2. 一個人能投資的資源並不是只有金錢。

假設手上有五千萬元，你會怎麼安排自己的投資與生活？

假設手上有五千萬元，你會選擇有機會創造高報酬，但一覺醒來可能會損失一〇％的投資方法嗎？當資金五千萬元時，損失一〇％就是五百萬元，雖然這有可能只是帳面上的損失，但想必會讓人晚上很難安心睡覺。

如果最終你並不會選擇這種投資方法，那從現在你就應該避開這種方法。

同樣的，如果擁有足夠財富，你不會希望天天看盤做研究，因此需要花大量時間看盤做研究的方法，你從現在就應該要避開。

那時會開始注重健康、擔心突如其來的意外造成巨大損失，因此你現在就該開始幫自己規畫運動和調整飲食，以及思考應該要準備怎樣的保險。

從終點回頭看、以終為始，可以幫我們在人生與財務規畫上，省下許多走彎路的時間。

投資自己，而不是只投資金錢

很多人覺得投資理財就是如何有效率運用資金，但我覺得這樣定義太狹隘。

所謂投資理財，就是有效率運用各種資源的能力。

一個人即使沒有太多資金可以投資，也仍然擁有其他重要的資源，包含時間、知識、人脈等，這些資源只要好好運用，就擁有非常巨大的潛力。

本書開頭提到一個重要規則——勒巴夫定律：主動積極投資自己的人生，被動投資你的金錢。

然而大多數人的做法都相反，往往是主動投資金錢、被動投資人生。把「投資」當成是最重要的資產，卻把「自己」這個金礦擺在一邊。

主動投資並不是壞事，但對於沒有太多資金的人來說，時間花在投資自己的人生上，是更有效率的分配，也是縮短達成財務自由時間的關鍵。

有句話說：下班後黃金三小時，決定了人與人的差距。

時間管理、尋找自己的價值，這些看起來是個跟投資理財無關的議題，但實際上卻是影響個人財富的關鍵，如果每月能投入的資金不再是三萬元，而是三十萬元，財務自由的時間會縮短到不用十年。

這看起來很困難，但的確有許多人辦到，而你得先從改變投資時間的方式開始才有可能達成。

這是一本通往財務自由的書

如果一本書只告訴你投資方法，就像前面提到的，一般人無論再快都還是需要二十年左右的時間，才能達成初步的財務自由。

這本書談的是真正的快速累積財富方式，從收支管理、時間規畫、對事業的思考，到簡單的投資與資產配置觀念，以及保險和退休規畫。

更快達成財務自由的關鍵，是簡單的投資方法，加上投入時間專注在自己的事業上。

也許你必須對自己有足夠信心，才能相信這樣的成果會比花時間在投資上更好。但看完這本書時我感觸很深，因為書中描述的內容跟自己一路走過來的體悟和感受完全一樣。

這種感受是抽象的，並不像任何投資操作方法一樣具體。如果把這本書給十年前的自己，也許當時的我依然很難體會，改變財務的關鍵，原來是這些看起來很簡單的選擇。

最後希望這篇推薦序，能夠讓正在閱讀的你，更加了解作者想傳達的理念。

（本文作者為《商業周刊》財富網專欄作家）

台灣版序　財務自由的起點

據說美國夢可以分成三個明確的步驟：

1. 賺錢。
2. 用你的錢賺錢。
3. 用你的錢賺許多錢。

無疑地，台灣與香港的夢想跟美國夢應該也差不多。金錢確實很重要，我寫這本書的一個重要理由，就是要教各位如何獲得足夠的金錢以達成財務自由。但是，我寫這本書還有一個更重要的理由，我希望各位不只是賺錢，也希望各位能夠享受過程。一旦你達成財務自由，我要你能守住並享受賺來的財富。有錢是很棒的，已故美國知名歌星蘇菲・塔克（Sophie Tucker）說：「我曾經富有，也曾經貧窮，還是富有比較好。」不過，只是擁有金錢是不夠的，如果你終其一生只有銀行的帳戶可以顯示你曾經努力，你這一生就乏善可陳。

我認為本書對各年齡階層的人都很有幫助，不過我主要是寫給四十歲以下的人，愈年輕愈有幫助。如果你是學生，正在規畫人生方向，本書值得你參考。如果你最近才畢業，剛剛踏入職場，你應該閱讀本書。如果你是已婚的專業人員，在一家大公司日夜加班工作，請參閱本書。在美國出版以來，有許多人跟我說：「但願我早二十年就看到這本書。」

從本書可以學到的觀念是：

- 時間與金錢的陷阱，也就是你的金錢與時間如何被剝奪，要如何防範。
- 勒巴夫定律——創造有錢人的策略。
- 獲取財富的關鍵。
- 如何善用複利的神奇力量，讓你的財富成長到天文數字。
- 二十世紀最大的禮物，以及如何善用這份大禮。
- 需要多少錢才能晉身贏家行列。
- 開始追求理想生活，出發之前的暖身操。
- 使我們陷入時間與金錢陷阱的非財務決策，以及如何處理這些決策。
- 提高達成財務自由機率的七個方法。

- 激勵自己達成財務自由最終目標的技巧。
- 為什麼長時間工作不是致富關鍵，以及如何增加賺錢的能力。
- 時間管理技巧讓每天都獲得最多的樂趣與生產力。
- 如何將意外的變化轉變成金礦。
- 如何搭配簡單但很有效益的投資組合，比八〇%的投資專家績效更好。
- 投保什麼樣的保險與投保金額，以免不幸事故造成財務負擔。
- 如何找到優良的投資與財務顧問。
- 如何判斷油腔滑調的銷售員、花言巧語的騙子，以及對你的錢動歪腦筋的人。
- 如何激勵自己現在就開始行動。

前言

有錢又快樂

父親：財富和名聲並不能帶來快樂。
青春期兒子：你有嘗試過嗎？

——吉姆・貝里（Jim Berry），新聞主播

有人問米開朗基羅，他是如何將受損的大理石雕刻成經典的大衛石像，米開朗基羅說，石像早已在石頭中，他只不過是看到了，把多餘的大理石敲掉而已。

就像是大理石裡的曠世傑作，我們每個人身上也潛藏著一位有錢人與自由自在的人生，實踐的關鍵是看見這種可能性，並做出正確的抉擇。

關於金錢，只有四件事要注意：

1. 如何賺錢。
2. 如何存錢。
3. 如何投資。
4. 如何享受。

雖然大家都做得到，但只有少數人真的做到了，答案就是運用簡單的勒巴夫定律，本書接下來將告訴你如何實踐此一定律。

你想不想要有錢又快樂？

假設有一個人雇你工作，週一早上開始做，到週五下午五點前要完成，這是一份你能勝任的工作，能夠如期完成。工作結果若令人滿意，主管會付你一筆錢。

更棒的是，如果工作做得好又能提早完成，剩下的工作天你都可以休息，而且可以獲得原先二十倍的報酬。這裡面沒有任何圈套，你想不想做這樣的工作？有誰不想呢？

有個好消息要告訴你，眼前就有個類似的機會，你愈年輕，潛在的報酬就愈大，投資報酬率也許是四十倍、六十倍，甚至百倍。這樣美妙的工作與實際上的工作只有兩點不同，第一，實際的工作不是只有一個禮拜，而是你此生的工作時間。其次，要雇用你的人就是你自己。換言之，如果你對自己許下承諾，下定決心要成為有錢人，你就可以做到。

別跟我說不可能，因為我就做到了，許多人也做到了。就像今天大多數有錢人一樣，我沒有繼承半毛錢，我讀的是公立學校與州立大學，我唯一的全職工作就是大學教授，從二十七歲開始一直到四十七歲退休，三十五歲才開始認真追求財務上的獨立自主。回顧以往，我其實可以在四十三歲就輕輕鬆鬆地退休。

別無他圖

寫這本書，是希望大家可以和我一樣享受財務獨立的自由。我別無他圖，不是要向人推銷投資、金融服務，或任何商業機會。我賺到了錢，生活自由，只想繼續有錢有閒。我的目的是想幫助更多人，讓大家更快、更安全地創造財富，並且樂在其中。

米開朗基羅創造出大衛雕像，採取三個步驟。首先，他運用心靈之眼看到了曠世傑作，接著，創造出傑作，最後，欣賞並享受他的傑作。依照同樣的三個步驟，你也可以創造出有錢人。首先，你看到可能性，接著，盡一切力量創造財富，最後，好好享受財務獨立的自由。也就是看到願景、展開行動、享受成果。

錢可以買到快樂嗎？

成為富翁不是件容易的事，因此一開始便應該回答此一重要問題。除非你生在有錢人家、從事違法勾當、贏得樂透，或是在賭場手氣大發，否則要獲得財務獨立的自由，得花上多年時間，努力工作，犧牲享受。如此值得嗎？我們常聽人說，錢不能買到快樂。

關於此一主題所做的最近調查顯示，錢確實可以買到快樂。根據麻州紐頓（Newton）ＨＮＷ數位公司的報告，全美國最有錢的八百六十萬人中，有八六％的人認為，財務上的成功與安全是感到快樂的重要條件，而有五〇％的人則認為非常重要。同時，七五％美國最有錢的人認為，如果累積的財富愈多，他們愈快樂。而說錢不能買到快樂的人，不是沒有錢，就是不懂得如何花錢。

英國的華威克大學（University of Warwick）的經濟學家強納森・賈德納（Jonathan Gardner）與安德魯・歐斯沃（Andrew Oswald）對繼承或贏得大筆金錢的人進行研究。正如所料，獲得意外之財的人，他們第二年的整體快樂感顯著增加。根據研究，獲得七萬五千美元，會讓一個人快樂許多，獲得一百萬英鎊（相當一百五十萬美元）的意外財富，可以讓一個人的快樂指數從最低點上升至最高點。

這兩項研究同時顯示，取得財產的方式並不影響快樂的多寡，不管錢是贏來的、賺來的，還是繼承而來的，效果都一樣。這讓我想起一個小故事，有位先生問太太：「妳是因為我父親留給我的財富，才愛我的嗎？」太太說：「當然不是，不管錢是誰給你的，我都愛你。」

著名的詩人與劇作家王爾德（Oscar Wilde）曾說：「年輕時，我認為錢是生命中最重要的事。現在老了，我明白，的確如此。」我個人以為，快樂不在於你擁有什麼，而是你認為自己擁有什麼。如果你認為自己會樂於當個有錢人，八成就做得到。因此，別再幻想，開始去做吧。

目次

第一部

四大見解

只要有基本常識
人人都可以成為富翁
關鍵在於有沒有看見這個可能性

見解1

為你的人生和財富座標定位

「正常人」穿著為上班而買的衣服，
在交通尖峰時刻，開著分期付款買的車子趕上班，
上班，才有錢買衣服、車子，
還有一整天都空著的房子。

——艾倫・高曼（Ellen Goodman），專欄作家

現代生活對大多數人而言，是一種折磨人的酷刑，如果你有錢，就沒有時間。如果你有很多時間，就正為錢所苦。大多數人都深受其害，歡迎來到時間與金錢的陷阱。

問題有多嚴重？不妨看一看交通尖峰時刻，在擁擠的加州高速公路上、長島高速公路，以及各種通勤列車或其他都市交通幹道上，數百萬人趕著上下班的情況，他們長時間工作，才有

錢買房子，卻沒有時間享受渴望的生活方式。這就是跑步機上的生活。

想看看有錢人的生活嗎？在加州或佛羅里達的遊艇碼頭上，你會發現那些昂貴的遊艇裡空無一人，而且九九%的時間都停泊在碼頭上。那些想當水手的人都到哪裡去了？你也知道，他們正忙著賺錢，以支付停在碼頭上的空船帳單。

你的座標在何處

如何脫離時間與金錢的陷阱？首先，你得明白為何會掉入陷阱。因為我們用薪資報酬的心態思考，把自由時間和金錢看成是一條線的兩端。

自由時間 ———————— 金錢

就是因為用這種薪資報酬的心態思考，所以我們以為，得此則失彼，無法兩全，不過有首老歌提醒我們，「不見得如此」。時間與金錢並非不可兼而得之，除非我們自己認為如此，並選擇如此生活。不幸的是，多數人都是如此。

讓我們以全新的觀點看待時間與金錢，會更切合實際，看一下時間與金錢的座標。

圖表1｜你選擇當哪一種人

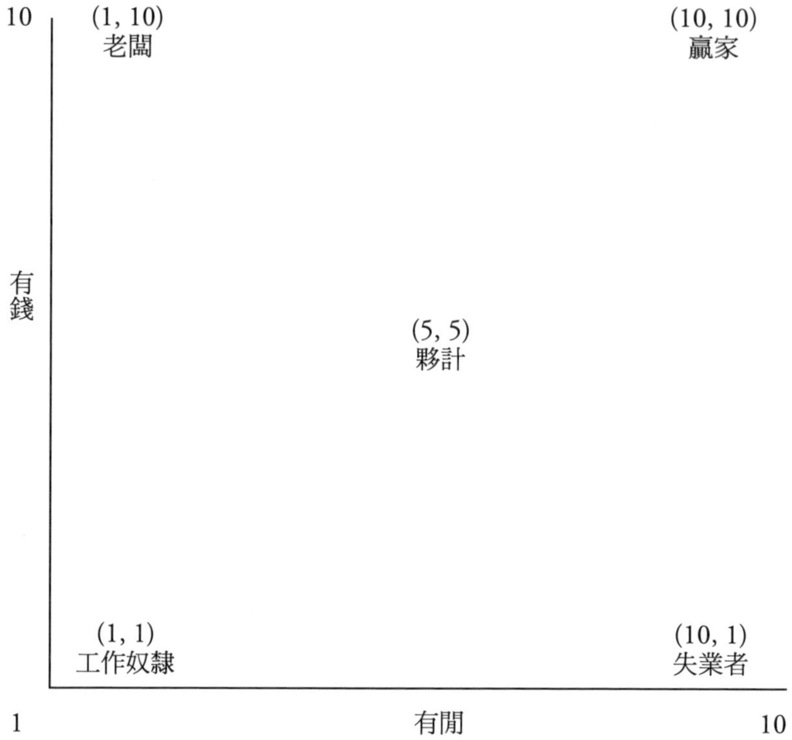

根據我們自身的財富及閒暇時間，每一個人都在圖中的某一點。閒暇時間以十等份標示在橫軸上，財富也以十等份標示在縱軸上，看一看圖表1的五種人，每一種人的生活都不一樣，但只有一種人不在時間與金錢的陷阱之中。你是哪一種人？你把自己放在座標的哪裡？

座標在（1，1）的是工作奴隸，沒有什麼財富或閒暇時間。也許是單親媽媽被迫長時工作，以免入不敷出，或者因為支出龐大，必須身兼數職。

座標在（10, 1）的人是失業者，有許多閒暇時間，但沒什麼財富，就像是寓言故事「蚱蜢與螞蟻」中的蚱蜢，活在當下，不擔心存糧問題。相信俗話所說的「反正死了也帶不走」，確實如此，但是沒有錢哪裡也去不了。除非他能醒悟，否則，他的人生夢想就只是一場夢。

大多數人都是座標（5, 5）的夥計，努力工作，換取一份還不錯的薪水，可以付房租，買食物。以時間換取金錢，賺錢是為了花錢。除非改變想法，否則終其一生都是以時間換取金錢，然後退休，靠一份還可以的退休金生活。

座標在（1, 10）的是老闆，他有許多財富，但是沒有什麼閒暇時間。通常是受過良好教育，自己當老闆的專業人士、公司的高級主管，或是企業家，他的人生被工作所占滿。他以為他擁有生意，其實是生意擁有他；他以為他擁有事業，其實是事業擁有他。他以為他擁有幾棟昂貴的房子與玩具（像是遊艇、飛機），其實是那些玩意兒擁有他。他得繼續工作以保有這些玩意兒，買下更多玩意兒。他長時間工作、壓力大、身心疲勞、人際關係緊張。老闆的妻子與兒女通常是失業者，當老闆過世後，他們的妻子與兒女的好運也揮霍殆盡。

座標在（10, 10）的是贏家，享受了世界上最美好的部分。老闆因為擁有財富，所以是有錢人，贏家因為又有錢又有時間享受，所以是富裕的人。贏家不是為了錢而工作，而是他的錢在為他工作，並且所創造的財富比他花的還要多。如果他持續工作，那是因為他想工作，而不是必須工作，許多贏家都是這樣。他了解，為了要過一個均衡、有生產力、樂在其中，而且充實的生活，財富只不過是達成目的的手段。老闆雖有錢卻不自由，贏家則擁有兩者，他們過著夢想中的生活，正如富蘭克林（Benjamin Franklin）所說：「財富不是我擁有的東西，而是我樂在其中的東西。」

贏家並非天生享有特權，他們並不比別人聰明、認真，或是幸運，他們能成為贏家，是因為學到如何讓金錢與時間為他們工作。

本書的目的是提供你見解、動機，與工具，幫助你從目前座標所處位置，到達贏家（10, 10）的位置。**知道本書所講的東西，不會讓你變得富有，你必須加以應用，才能成功**。如果你有成為富豪的渴望、自律，與決心，我將告訴你所有應該知道的事與行動，讓夢想成真。

見解2

投資自己的人生，而非金錢

我們對顯而易見事情的教育，
更甚於渾沌不明中的調查。

——霍姆斯（Oliver Wendell Holmes），大法官

如果你曾擔任過領導職位，當過經理、軍官，或是教練，你就會知道，策略對達成目標有多麼重要。拿破崙曾說過，許多戰役早在打出第一槍之際，就已經決定了勝負。策略決定了結果，如果策略有效，即使技術上犯錯，還是可以成功。但如果一開始策略就錯了，再好的戰術都救不了你。一個錯誤的策略注定會失敗，不管是在戰場、生意，或是人生，都是如此。

如果你了解財務獨立的自由遠比金錢更珍貴，就算開始邁向贏家的旅程了。財富的累積始於認清時間的價值，並學習如何有效的運用時間。

與金錢不同的是，時間是無法取代的，你無法製造或儲存時間。但與金錢相同的是，時間是可以計量、投資，與享受的。讓我們認清一件事：如果不能享受時間，生命就顯得漫長無比。如果你曾經困在惡劣的人際關係中，或是守著一個你討厭的工作，或是久病在床，你就懂我的意思。

勒巴夫定律

信不信由你，我發現了一條非常簡單的原則，可以讓你所投資的時間與金錢有驚人的回收。如同愛因斯坦所發明的相對論公式$E=mc^2$，非常簡單卻威力無窮，下面就是這項定律，好好記住：

勒巴夫定律：主動積極投資自己的人生，被動投資你的金錢。

主動積極投資自己的人生，是指自己決定時間要如何分配，而不是根據某種情況或是別人的指示來使用時間。先檢視一下你的生活與夢想，什麼對你是最重要的，你要的是什麼。然後決心花時間做些事情，讓自己擺脫現狀，成為自己想要的那種人。

這就像是投資組合一樣，把資金分配在不同形式的投資管道，如股票、債券，與現金，你得決定如何分配自己的時間。好的時間投資組合，把清醒的時間分配給四種基本活動：

1. **學習**。
2. **賺錢**。
3. **生活**。
4. **回饋**。

各領域的時間分配，會因不同的人生階段而異，例如，早年以學習為重，中年忙著賺錢，晚年則是回饋他人與享受生活。顯然，在整個人生當中，四項活動我們都會參與，但是隨著每人所處的位置與想要過的生活，分配比例會有所不同。積極主動地投資自己的人生，是指決定自己想要什麼，做一個深思熟慮的選擇，然後按照選擇分配時間。

另一方面，對錢的投資要被動，例如投資在沒什麼精神負擔、成本低、能反映整體股市表現的指數型共同基金，方法如下：

1. **把資金分配在股票、債券，以及現金上**。資產配置將影響你的未來回收，可以按照下列比例投資：

①五〇%國內股票。

②二〇%國際股票。
③二〇%債券。
④一〇%現金。

2. **根據上述比率，購買沒什麼精神負擔、成本低的指數型基金**[1]。五〇%購買國內股票指數基金、二〇%購買國際股市指數基金、二〇%購買債券指數基金、一〇%為現金。

3. **在所賺的每一塊錢中，拿出一〇%加碼至投資組合中**。投入愈多，就能愈早獲得財務獨立的自由。

4. **每年檢討投資組合一次**。如果和最初的分配法相差在一〇%以內，就不做調整，如果相差超過一〇%，就重新調整資金分配。

這就是你該做的事情，這種不花腦筋的投資法，表現卻比那些要收費用替你管理資金的投資大師至少高出七〇%。最令人讚賞的是，採行這套理財辦法根本不需花什麼時間，也不需要高深的財務知識，只要懂得計算簡單的百分比，人人都做得來。

這為什麼是秘密？

為什麼我說勒巴夫定律是全世界最不為人知的投資秘密？這當然是個秘密，因為絕大多數的人都在做相反的事：被動地投資時間，積極主動地投資金錢。

偉大的哲學家約吉・貝拉（Yogi Berra）說過：「單是看，就可以觀察到許多東西。」你無需觀察許多就可以發現，大多數人管理時間的方式，就像羊一樣，沒有掌控局面，而是讓情況或是其他指令告訴他們該如何過一天，何時起床，何時上班，該做些什麼，何時回家，以及薪水該是多少。然後有一天突然醒悟，他們已掉入時間與金錢的陷阱當中。

談到投資金錢，多數人的做法如下，大約有三分之二的人付一大筆錢給經紀人、金融規畫師，或是經理人，以積極管理他們的金錢，這些費用與佣金讓投資專家的財富增加，但客戶的

---

① 編注：指數型基金（Index Fund），是指基金本身所選定的持股，為了要達到與其追隨之標的指數相同的收益水準，整體的投資組合是完全依據某一市場指數的變動而調整，屬於一般共同基金。投資指數型基金預期獲利，最重要的是挑選一個可以獲利的指數，其次是挑選一個追蹤此指數誤差小的指數型基金。指數型基金又可分為股票指數基金與債券指數基金。以國內股票指數基金為例，常見的基金有元大台灣高股息基金、元大台灣加權股價指數基金、富邦台灣科技指數基金；國際股市指數基金例如富邦那斯達克一百指數基金、國泰日經二二五基金；債券指數基金則有元大亞太政府公債指數基金。台灣金融市場上最常見的股票基金是一般股票型基金，其次才是股票指數基金。

財富卻沒有增加。可悲的是，多數投資專家收取客戶的費用與佣金，但表現卻往往低於大盤。多數的經紀人、經理、共同基金經理人，以及金融規畫師拿了錢，但是績效表現卻低於客戶自己投資於指數型基金，他們並沒有增加投資的附加價值，表現不佳卻還向客戶收錢。

其他投資人則是獨來獨往，自己管理金錢。這些典型的ＤＩＹ投資者浪費許多時間，企圖戰勝市場，他們花費大量的時間與金錢，煩惱該買些什麼，什麼時候買，什麼時候賣。

四年一無所獲——法蘭克的故事

法蘭克，三十歲，已經結婚生子，在九〇年代後期的科技投資狂潮中，慘遭滅頂。他把自己的故事貼在網路上的討論區，供大家借鏡：

一切得從四年前說起，我的朋友問我想不想投資以供退休及未來之需，我回答說，我所有的錢都在銀行帳戶裡。他開始跟我提股票市場、共同基金、幾百萬人為了以後的退休和孩子的教育而投資，還有潛在的風險與報酬等等。他還告訴我，最佳的投資方式，就是投資指數型基金。

在投資之前，我決定好好讀一讀並研究有關投資的事情。開始看投資新聞節目、讀一些報上與雜誌上有關股票市場的文章，並在網路上做了不少研究。那時是一九九七年，股市蓬勃，戴爾、思科，以及英特爾等公司每年營收成長一倍，其他如亞馬遜、雅虎等公司每年成長三倍。我非常興奮也很困惑，為什麼要投資每年成長率平均一七％到二〇％的指數型基金，而不是買一年內就可以賺三倍的股票？於是我去買股票。

我很幸運，在四個月內賺了一倍。我不是一個每日進出股市交易的人，每檔股票平均持有三個月。一九九八年初，我計算繳稅額度才知道，九五％的獲利稅後實際獲利只有五八％，雖然不是九五％，但是五八％依然是不錯的投資報酬率。我問朋友，為什麼要把錢投資在無聊的指數型基金（當時我以為我了解指數與共同基金市場），若投資在股市，報酬不是更多更快？他的回應是：「要簡單地投資，過去的表現不代表未來的獲利保證。」我問他對幾家公司的看法，他說，從來沒聽說過這些公司。

真是令人震驚，「為什麼你投資市場，卻不知道市場上最熱門的股票？」

他說：「這就是指數型基金的意義，你只是單純地投資整個市場，有一個資產配置計畫，然後就好好守著它！」當時我認為，這實在滿愚蠢的。

一九九八年我的稅後獲益率是一六％。一九九九年，科技股正走強時，我投資在科技共同基金上，以擁有更多股票。一九九九年，斬獲不錯，平均獲益率是一〇五％，哇！繳稅後，一九九九年的淨獲利只有四八％。

然後到了二〇〇〇年，我選擇了一些去年表現最佳的科技公司，把所有錢都投資進去。在二〇〇〇年以前，我在股市從未輸過，所以，當時我還想要賺個兩、三倍。

你應該知道二〇〇〇年的科技股發生什麼事，那一年我虧損七六%。第二年更慘，那是我人生最慘的時候，我的錢像雪一樣融化了。一開始，我以為那只是股市短期的修正，相信那斯達克指數很快就會恢復原貌，我不想賣掉股票而錯過了反彈。我堅守股市，最後輸掉所有贏來的錢和一大筆自己的錢。至於我朋友，他二〇〇〇年的投資組合虧了四%，對先鋒集團（Vanguard Group）的指數型基金② 非常滿意。

對指數型基金了解更多後，我把投資轉向指數型基金。

之前那四年我得到了什麼？一無所獲。損失了什麼？損失了許多時間、金錢，還有自信。我極端焦慮，幾乎隨時都處於壓力過大的情況，四年以來，每天花十小時做網路研究，閱讀相關公司訊息，花大量時間閱讀投資性的報章雜誌，車上的電台永遠都調在商業台，也因為太忙而沒把時間留給太太與小孩。

對於這四年的生活方式，我極為後悔。千萬別學我，不要把時間都花在尋找最佳股票與基金上，因為你永遠也找不到。不要追逐高額獲利或是想擊敗市場，因為往往是市場擊敗你。人生苦短，一點都不值得！人生還有許多事勝於股市，要簡單、聰明而安全地投資，為人生而投資。享受與朋友、家人的相處時光，同時別忘了聞聞玫瑰花香。

研究結果非常清楚：股市交易對累積財富是有風險的，投資時機對大多數人都是不利的。長期被動地投資是所費時間最少、成本最低的投資方式，而且節稅效果佳。重要的是，要開始計畫，現在就投資。而等待最佳時刻，或是相信某個投資專家會拿著必勝武器出現在你面前，擊敗市場，則純然是你的幻想。正如普魯士軍事思想家克勞塞維茨（Karl von Clausewitz）所言：「偉大計畫的最大敵人，是夢想會有一個完美計畫。」等待完美計畫出現的人，要等上一輩子。

積極主動地投資人生，被動地投資金錢，是世上最不為人所知的秘密，它如此簡單、顯而易見，卻很少被實踐。如果更多人確實執行，就有更多人可以過上夢想中的生活，更少人愁眉不展。不要浪費時間去玩市場，要認清市場，過自己想要的生活，享受人生，這就是勒巴夫定律的精髓。

---

② 編注：先鋒集團的指數型基金：指數型基金是由先鋒集團創辦人約翰・柏格（John Bogle）所發明，成立的目的是用最便宜的成本追蹤整體市場的報酬率。柏格於一九七〇年代推出世界上第一檔指數型基金「先鋒五百指數基金」，從此開啟投資「一籃子股票」的先河。從二〇〇七到二〇一七年「先鋒五百指數基金」複合年成長率達到七・一％；以二〇二〇年一月七日作為績效比較基準，過去一年該指數ＥＴＦ基金成長二九・五％，而自二〇一九年全年該指數ＥＴＦ基金則成長約三二％。

見解3

致富關鍵：力求簡單

簡單帶給人們力量，少做不重要的事，
讓我們有更多力量去做重要的事。

——約翰・柏格，美國共同基金公司先鋒集團創辦人兼榮譽董事長

致富關鍵只有兩個字：單純。嚇一跳？還是不同意？

我向你保證，有一段時間，對於上述看法，我也是非常不以為然。我在大學教書，大學裡的事情通常是複雜的，我經常想：「如何可以簡簡單單地致富？」你曾試圖解讀葛林斯班（Alan Greenspan）的話嗎？曾試著閱讀充滿複雜的方程式與財務理論的商業參考書嗎？當你聽到經濟學家以及華爾街大師在大放厥詞預測未來，企圖說服你該不該把錢放在股市時，你是否目光呆滯？

股票市場、經濟，甚至你的收入課稅，也許都滿複雜的，因此，你需要學習簡單的致富關鍵建立財富。這個時代弔詭的是，事情愈複雜，愈需要簡單化。我們需要練習幾個簡單而有效的原則，不要讓自己被這些複雜的事情所分神。

也許你會說：「等等，麥可，不要對我談簡單，有限的知識是危險的。」沒錯，關於建立財富、時間管理，與財務規畫，我鼓勵你盡量多讀多學。我以前是教授，對於教育完全認同。

不過，有些知識雖然簡短，卻是言簡意賅。例如：

- $E=mc^2$。
- 將心比心。
- 買低賣高。
- 抽菸會致命。
- 價格取決於供需。
- 繫上安全帶。

許多研究與經驗都告訴我們，簡單化就是有效而易於運用，想法愈單純，效果愈宏大。

管理時間與建立財富有兩個非常簡單的法則，一是管理時間的80／20法則，一是累積財富的七二法則。兩者都已行之有年，如果你已熟知，可以直接跳到見解4。

80／20法則

十九世紀的經濟與社會學家帕雷托（Vilfredo Pareto）發現，義大利八〇％的土地為二〇％的人所擁有。接著他又發現，花園裡的二〇％豌豆莢產出，占了豌豆莢總收成量的八〇％。再觀察幾個其他例子，似乎都能吻合此一模式，遂將之理論化，成為後來著名的帕雷托原則，或是80／20法則：以許多事物來講，很高比例之價值（八〇％），是集中在相對少數（二〇％）的事物上。雖然二〇％的某一事物，有八〇％的價值不是精確數字，但卻是一個不錯的經驗法則。下面是幾個小例子，似乎滿能證實80／20法則的效用：

- 庫存中八〇％的價值，來自於存貨中二〇％的產品。
- 你八〇％的電話，來自於二〇％打電話給你的人。
- 餐廳中八〇％被點的餐點，來自於菜單中的二〇％餐點。
- 你的頭痛八〇％來自你二〇％的麻煩事。
- 銷售額的八〇％，取決於二〇％的顧客。

- 八〇％的產品抱怨，來自於二〇％的產品。
- 八〇％的廣告活動，產生二〇％的效果。
- 八〇％的電視觀賞，集中於二〇％的時間。
- 你八〇％的干擾來自二〇％打攪你的人。

還有許多應用的例子，80／20法則是良好時間管理的重點所在。簡言之，你八〇％的效能，來自你二〇％的活動。

有個真實故事反映此一重點。

查理．薛瓦伯〔Charles Schwab，不是嘉信理財集團（Charles Schwab Corp）的創辦人查理．薛瓦伯〕成為伯利恆鋼鐵（Bethlehem Steel）總經理時，他對顧問艾維．李（Ivy Lee）說：「如果你能露兩手給我和同事瞧瞧，告訴大家如何用更短的時間做更多的事，我會給你合理的報酬。」

艾維說：「沒問題，二十分鐘內，我告訴你一個至少提高產能五〇％的方法。」薛瓦伯說：「好，在我趕火車之前，剛好有二十分鐘時間。你的想法是什麼？」

艾維從口袋中拿出一張十乘十五公分的卡片，交給薛瓦伯，「寫下明天要做的最重要六件事，按重要性排序寫下號碼。把卡片放進口袋裡，明天一大早，從第一件事開始做，直到做完，然後再做第二件事，以此類推，一直做到下班為止。不必擔心你只做到一兩件，反正你已經在做最重要的事。如果按照此一方法，你無法完成全部的事情，那麼用其他方法也是一樣，要是沒有系統性的規畫，你甚至無法決定什麼事是最重要的。」

艾維等薛瓦伯寫好卡片後說：「以後你的每個工作天都這麼做，當你認為這樣做有價值以後，告訴你員工也如此做。你要試多久都可以，你認為這想法值多少錢，就寄給我一張等額支票。」

兩週之後，薛瓦伯寄給艾維一張兩萬五千美元的支票，支付這二十五分鐘的顧問諮詢。薛瓦伯認為這是他所聽過最有價值的建議。後來，薛瓦伯在五年內讓沒沒無聞的伯利恆鋼鐵公司成為世界上最大的獨立鋼鐵生產廠，也賺了一億美元的財富，他覺得都是這一課的功勞。在二十世紀初期，一億美元可是一筆大數目。

為如此簡單的一個構想付那麼多錢，薛瓦伯是不是太笨了？他不以為然。薛瓦伯說：「當然，那是個簡單的構想，但構想基本上不都是簡單的嗎？這是第一次，我和我的團隊把最重要的事情先做完。」

先做最重要的事情，是良好時間管理的關鍵，因此80／20法則是時間管理之鑰。成功來自

把時間投資在少數價值高、回收大的活動上，而不要在意其他瑣碎項目。

將80／20法則應用在生活上，像薛瓦伯一樣，每天早上擬定當天要做的工作事項表。然後按重要性高低排序，可以編號，或者用A、B、C的方法把要做的事情分成三大類：A非做不可，B應該要做，C最好去做。

然後把每一組要做的事情按照重要性高低排序，最高優先是A-1，依此類推，做完所有A組和B組的事情，才能開始做C組的事情。

如同每天的工作目標一樣，人生目標也應該依照重要性排序。不管是長期、中期或每日目標，都要養成依重要性高低排序，把大部分時間花在少數有高回收項目上的習慣。如此管理時間，你將會得到最重要的資產——你的時間。

七二法則

複利的效果一向讓我感到驚奇不已，不只是我，愛因斯坦也認為這是人類最偉大的發明。80／20法則告訴我們，如果把精力集中、專注於少數幾件事上，成效更大。七二法則則顯示時間與複利的威力，可以讓我們不花什麼力氣就把一點錢變成財務獨立上的自由。

就像80／20法則一樣，七二法則也非常簡單。計算要花多少年才能讓投資價值倍增，有一個簡單的方法，就是用七二除以年報酬率。例如，某筆投資的年報酬是九%，每八年價值就會增為兩倍（72÷9＝8）。同樣地，某筆投資年報酬是一二%，每六年價值就增為兩倍，年報酬率若是一八%，每四年價值就增為兩倍。

一旦了解七二法則，你就會明白，隨著時間，小錢會變成大錢。每次單筆投資股票基金五千美元，若年報酬是一二%，則二十五年後會成長至八萬五千美元，三十五年後會成長為二十六萬三千九百九十八美元。

想知道複利為何可以讓你變成有錢人？想想以下情形：如果從出生的第一天開始每天存一塊錢，或是一年存三百六十五美元，若年報酬率是一〇%，則六十五歲時你就有兩百萬美元了。如果年報酬率是一一%，比股票市場年報酬率稍低，你的身價也有四百二十萬美元，年報酬是一二%，就有七百四十萬美元。如果你對股市不放心，可以把錢存在債券，年報酬是七%左右，那你還是有四十八萬八千美元的身價。學校有教你這個嗎？我自己是沒被教過啦。

當然，這些例子有些過於假設性。你得從出生的第一天起就開始存錢，或是有人幫你存，六十五年都不能碰這些錢，不能讓人課稅，而且通貨膨脹會減弱你的購買力。七二法則兩邊都適用，一年的通貨膨脹率若是四%，則每十八年購買力會減弱一半。不過七二法則告訴大家，任何人只要每天投資比一杯咖啡、飲料或是小點心還要少的錢，就可以成為意想不到的有錢人。

圖表2｜一分錢每天成長一倍，連續三十天的結果

日	金額	日	金額
1	1¢	16	$327.68
2	2¢	17	$655.36
3	4¢	18	$1310.72
4	8¢	19	$2621.44
5	16¢	20	$5242.88
6	32¢	21	$10485.76
7	64¢	22	$20,971.52
8	$1.28	23	$41,934.04
9	$2.56	24	$83,886.08
10	$5.12	25	$167,772,16
11	$10.24	26	$335,544.32
12	$20.48	27	$671,088.64
13	$40.96	28	$1,342,177.28
14	$81.92	29	$2,684,354.56
15	$163.84	30	$5,368,709.12

以下是另一個有趣的例子，你可以用來教導小孩看看複利的威力有多強。假設有人讓你選擇：今天就給你一百萬美元，或是今天給你一分錢，然後每天加倍，連續三十天，你會選哪一樣？多數人很難拒絕一百萬元，但你知道嗎？每天一分錢，每天成長一倍，三十天後會變成五百萬美元以上，如圖表2所示。

如果你有能力讓每個月存的錢加倍，從一分錢開始，最後可以變成：

- 第一年底是四十・九六美元。
- 第二年底是十六萬七千七百七十二・一六美元。
- 第三年底是六億八千七百一十九萬四千七百六十七・三八美元。

對新婚夫婦而言，這真是個致富的實用建議。有對夫妻每年投資羅斯個人退休帳戶③三千美元連續四十年，總投資額是二十四萬美元。假設年成長率是一〇%，他們的退休基金在四十年後價值為二百六十五萬五千五百五十五美元，而且是免課稅的。

雖然七二法則是建立財富簡單而有力的工具，但多數美國人還是不了解，看看以下由美國消費者聯盟（Consumer Federation of America）與金融服務公司普美利卡（Primerica）在一九九九年所做的一項調查報告，即不難了解：

- 四分之一的美國人相信建立退休財富的最佳辦法是玩樂透。二八%的人相信此生中最有可能讓他們獲得五十萬美元以上的機會就是中樂透。事實上，贏得樂透的機率是一千萬分之一至二千萬分之一。
- 只有四七%的人認為存錢或是將部分收入做投資，是穩健的致富之道。

- 如果問大家每星期投資二十五美元，連續四十年，年報酬率七%，則最後會變成多少？近三分之一的人猜測是十五萬美元以上，正確答案是二十八萬六千六百四十美元。
- 如果問大家每週投資五十美元，連續四十年，年報酬率九%，則最後會變成多少錢？三七%的人不知道，只有三三%的人認為會超過三十萬美元，正確答案是一百零二萬六千八百五十三美元。

如果你年輕，也許會想：「聽起來不錯，麥可，可是我不想等到年老體衰時才變得有

---

③編注：美國個人退休帳戶首創於一九七八年退休金改革法案（Pension Reform Act），旨在提供一項稅賦遞延的優惠方式給那些沒有雇主提供合格退休計畫保障的民眾，用以儲存退休所需。個人退休帳戶（Individual Retirement Account, IRA）是一種個人自願投資性退休帳戶，傳統個人退休帳戶（Traditional IRA）可以隨時領出，領出時需要繳稅；羅斯個人退休帳戶（Roth IRA）存入的是稅後資金，可以隨時領出而不用繳稅（領出時年滿五十九歲半、開設帳戶超過五年，投資收益領出免稅）。我國的個人退休帳戶一般是指勞退新制的勞工退休金個人專戶，與軍公教人員或商業保險的退休金方案有所區別。雇主應為勞工按月提繳每月工資六%勞工退休金，存於勞保局設立之勞工退休金個人專戶，專戶所有權屬於勞工。勞工也可以在每月工資六%範圍內自願提繳退休金，自願提繳金額享有租稅優惠會從當年度個人綜合所得總額中全數扣除。

錢。」或者你現在正值中年，心想：「多謝啦，麥可，我二十歲的時候你在哪裡啊？」對於這兩種反應，我會說：「放輕鬆，繼續讀。」雖然複利是累積財富的關鍵，但不是唯一的，接下來我會告訴你更多相關事情。

千萬不要錯過運用七二法則的機會，以及複利所帶來的利益。這法則不花你什麼力氣，古往今來許多百萬富豪都知道善用。如果你曾好奇為什麼有錢人會變得更有錢，那麼現在你應該知道答案了。

見解4

現代人可能活更久

在整個夏天歌唱的蠢人，在冬天哭泣。

——猶太諺語

一九〇〇年，美國男人的預期壽命是四十五歲，女人是四十七歲。拜生物科學進步之賜，以及較高的生活水準，美國人現在的壽命比以前多三十年。

壽命延長的意義是，我們成年後的年歲增加了一倍。我們擁有第二個中年，更重要的是，我們的老年生涯比我們的父母與祖父母更健康、更享受。再加上人類基因計畫正在萌芽，未來我們的壽命與活力不知又會增加多少。二十世紀初，人類的預期壽命每年增加〇・一%，到了二十世紀末，人類壽命的增加率成長到每年一%。

隨著壽命的延長，我們的挑戰是，需要更多的財富以因應更長的壽命。在企圖跳出時間、金錢這個陷阱之際，這似乎是另一個財務負擔。但如果你以另一個角度來看金錢，並應用七二法則，就成了好消息。增加的三十年，表示你的投資複利會更多，你會更有錢。所以，你要做什麼？我建議做下列事情：

1. **下決心好好運用增加的壽命**。如果你現在二十幾歲，你未來的大部分花費是在五十歲以後。今日人口成長率最高的年齡層是八十五歲以上的人。根據穆頓公司（Mouton & Company）所做的研究，六十五歲的夫婦有一六%其中一人會活到一百歲，有些專家認為，此一數字在不久的未來會成長為兩倍。你要有慶祝一百歲生日的心理準備，果真如此的話，也不用訝異。

好好照顧身體，因為你還需要用很久。上了年紀和生病是兩回事，只要身體健康，變老也是美妙的事。我已經活了六十幾年，我可以向你保證，每一年都活得比上一年更好。但要是我身體不健康，我就不敢這麼說。為自己立下目標，盡可能活得更久。

2. **規畫自己的贈與基金**。你也許熟知在大學裡贊助教授席位的概念，慈善家或是某公司捐贈一大筆錢給大學，創造一個教授席位，捐款投資所產生的收益用以資助教授的薪水與研究花費。此一地位是學術界人士所嚮往的，這筆錢與津貼吸引頂尖學者申請。如果教授離職、退休，或過世，席位依然存在，由另一名教授接任。

賺錢不是為了花掉

在我大學生涯初期時，我覺得自己拿到教授贊助席位的機會渺茫。教學或是與同事朋友互動，我都引以為樂，但是我覺得其他的工作無聊又世俗。寫學術研究文章、在專業會議上發表報告，以及在大學委員會裡服務，對我而言都是很無趣的。我只是一個不喜歡在學術圈中鑽營的人，但如果你想獲得教授贊助席位，你得是一個善於鑽營的人。

三十五歲時，有一天我突然頓悟，一個小小的聲音自心中響起：「為什麼不為自己規畫一個贈與基金？」

從那之後，我繼續工作創造我自己的贈與基金，除了大學工作之外，開始寫書、演講，並做一些管理顧問工作。我以教授薪水維生，而晚上工作所賺的錢則作為個人教授席位基金。教授贊助席位通常有個地位崇高響亮的名字，因此，我開玩笑的將我的席位取名為：「學術自由家園席位」。我住在家園大道，一旦基金籌集完成，我將獲得學術的真正自由，脫離學術圈，我可以退休，愛做什麼就做什麼。更棒的是，教授席位還要工作，我的家園席位卻可以躺著不用做事。

情況很明顯，要自己贊助自己。想像自己是一位資本家，而不是受雇員工。賺錢不要只是為了花掉，要下定決心建立至少一百萬美元的資產，或是目前一年所花額度的二十倍。如果你有兼職工作或是其他收入來源，將每年花費減去此一數字後，再乘以二十倍。

當然，有各種複雜的公式或是試算表可以精確計算出，要獲得財務獨立自主需要多少錢，每年花費的二十倍只是一個粗略的概算。再一次提醒，我們要的是一份簡單計畫，讓你成為有錢人，不用等待完美的計畫出現。

累積目前年花費的二十倍

你也許想知道，「為什麼需要準備每年支出額度的二十倍？」根據股市多年來的發展軌跡，財務規畫師一般認為，在扣除稅與通貨膨脹因素後，長期投資報酬率為五%左右。你得考慮稅與通貨膨脹的因素，否則你人生尚未過完，有可能已經吃光老本。如果將年花費二十倍的錢拿來投資，你可以隨時退休，假設你每年的提款率是五%，破產的機會很小。當然，當你的預期壽命愈來愈短，你的提款額度可以高於五%，理應如此。但是，我想你不會等到七十歲才想退休。記住，今天六十五歲退休的人，很容易就可以活到九十歲以上。請謹記在心，不要比你的錢活得更久。

也許你認為，要累積目前每年花費金額的二十倍，是不可能做到的。我可以向你保證，這是可能的。是不容易，但許多人做到了。培養正確的技巧、留意機會，並善用時間，可以讓你的賺錢能力一飛沖天，你自己都會嚇一跳。如果你將多餘的錢都存起來投資，七二法則會替你增值，而你不用花什麼力氣。在你睡覺的時候，你的錢會幫你賺錢。

3. **了解延後享受並不等於享受不到**。還記得那個讓你提早退休，有龐大紅利的工作提議嗎？那不是白日夢，是可實現的，我勸你接受這提議。大多數人並不知道此一提議早就擺在眼前，常常被短視與薪資心態所蒙蔽，以為賺錢是為了花錢，掉入時間與金錢的陷阱中，渾然不知人生可以大不同。

當然，脫離陷阱進入贏家行列不是容易的事，不過，卻是可以做到的事。而且，一旦你做到，會發現報酬遠高於所花費的代價。每一個成功都需要你的付出與延後的享受，沒有任何成功是不用犧牲的。終極成功的關鍵在於今天投資一些時間、努力，與金錢，以換取明日更大的回收。

我並不是說，為了要成為有錢人，就要犧牲許多的生活享受。當然不是如此，這樣做是愚蠢的，生活是用來享受的，現在亦然。但是請花點時間想一想，設想一下財務獨立自主後的美妙生活，你只要現在看遠一點，花點精力與金錢投資，就可以過一個更美好的未來。

第二部
十大選擇

我們的選擇
決定我們要做什麼
我們做什麼
決定了我們的命運

選擇1

過自己想過的人生

你的生活裡有一種來自更高力量的召喚，問題是：你是否在生活中奔忙、隨之起舞，或是花時間真正在關心那個召喚，開創屬於自己最幸福的路？你不能讓別人定義你的生活。你得譜寫出自己的生活。

——歐普拉（Oprah Winfrey），知名主持人

幾位朋友以電子郵件傳給我一個故事，故事來源不明。

一位美國人在墨西哥海邊村莊的碼頭上漫步，看見一艘小船停泊，船上有幾條大黃鰭鮪魚。美國人向墨西哥人讚美魚的品質，問他花多久時間捕到這些魚。

墨西哥人回答：「只一會兒的工夫。」

美國人接著問，為什麼不在海上待久一點，捕更多的魚。

墨西哥人說，這些魚已足夠家庭所需。美國人問：「那你其他時間都在做什麼？」

漁夫說：「我睡到很晚，釣釣魚，陪孩子玩，和老婆瑪麗亞睡個午覺，每晚到村裡喝點酒，跟朋友彈彈吉他。每天都活得很忙很充實，先生。」

美國人嘲弄地說道：「我是哈佛企管碩士，可以幫助你。你應該花更多時間捕魚，接著買艘大一點的船，然後買幾艘船，最後擁有捕魚船隊。你不用再賣魚給中間商，直接把魚賣給加工廠，到最後，擁有自己的罐頭工廠。從產品、加工，到行銷，完全自己掌控。你可以搬離這個沿海小村莊到墨西哥市、洛杉磯，最後住到紐約，在那裡擴張事業。」

墨西哥漁夫說：「但是，先生，那要花多久的時間？」

美國人說：「大概十五年至二十年。」

「然後呢？先生。」

美國人笑著說：「接著就是最棒的了。如果時機好，你可以宣布股票上市，把公司股票賣給大眾，成為有錢人。」

「成為有錢人？然後呢？」

美國人說：「然後你就可以退休了。搬到一個小漁村，你可以睡到很晚，釣釣魚，跟孩子們玩一玩，和老婆睡個午覺，每晚溜達到村裡喝點酒，跟朋友們玩玩吉他。」

這故事在網路上廣為流傳，或許你也讀過，顯示許多人對工作與生活有所質疑。

你是隨著自己的還是別人的音樂起舞？如果是後者，醒醒吧！你在財務上及情感上都欺騙了自己。當有強大的外力說服你做其他事時，最重要而明智的抉擇是過自己想要的生活。最成功的人是自己決定要怎樣過日子的人，這是第一優先。然後，他們選擇能與生活型態相容的工作、配偶、家庭結構、住家地點，以及其他生活上的重要事務。

不幸的是，多數人並未如此做。我們依循別人的期待行事，希望被接受、讚賞、愛，與尊敬。問題是我們徵詢的對象，通常也是深陷時間與金錢陷阱之中。如果你想待在陷阱之中，就繼續聽命行事吧。

請別誤解我的話，我並非鼓吹大家成為一個激進的反世俗分子，一切反其道而行，這比遵從大眾還糟糕。我所倡導的是，聽從自己內在的聲音，這聲音告訴你生存的意義何在，什麼會帶給生活歡樂，你能做什麼以豐富世界與自己。

兩個問題一個夢想

你是否曾花時間想過，並決定要過何種生活？多數人都忙於工作，以致沒有時間回答這個人生大問題。真是不幸，因為如果能正確回答這些問題，就能過一個成功而充實的人生。

我希望你這樣做：找個時間與地方，把自己與外界隔絕數小時，甚至幾天，當成個人的閉關修行。朋友、配偶，與小孩都不可以來打攪，這是你與自己的對話。

那是一個可以讓你放鬆而且與世隔絕的環境，也許是山上的小屋，或是海邊。如果不可能，開車到一個偏遠地方，找間旅館住下，也是可行的。反正要遠離一切，沒有任何打攪。帶一枝筆、一本筆記簿，如果你願意，也可帶一台筆記型電腦。

待你安頓好放輕鬆之後，回答兩個問題：

1. **希望人生有些什麼？**
2. **怎麼知道自己已經擁有想要的東西？**

如果要更具體的描繪出你想要過的生活，想要做的事情，就回答以下問題：

- 想住在哪裡？
- 擁有足夠的金錢並有時間享受時，你想過什麼樣的生活？
- 誰會和你在一起？
- 你如何善用自己的天分？

- 什麼事情如此引人入勝，讓你忘了時間？
- 什麼事情帶給你最大愉悅與個人滿足？
- 如果你知道不可能失敗，你希望去做哪件事情？
- 知道時間與人生是你自己的，有何感想？

不要想太久，快速寫下心中的想法，沒有所謂正確與錯誤的答案。在數天或數週內，不斷重複此一練習。等到你覺得已充分探索過想要的生活，把所有的答案整合在一起，將夢想的生活寫在一張紙上，這就是你個人的生活宣言。

就像米開朗基羅創造出大衛石像前，便已先看到它的存在，你也要在過夢想生活之前，先看到夢想的生活。一旦對未來生活有了清晰圖像，便可開始設定有意義的目標，努力實現。你得先有夢想，因為夢想激勵人心，讓所有的計畫與工作顯得有價值。

把夢想變成目標

將夢想中的生活視覺化是很重要的，愛因斯坦說過：「想像比知識更重要。」儘管夢想可以激發靈感與動力，但只有夢想，是沒有辦法使你成為贏家的，夢想只是開始的第一步，創造百萬富翁需要扎根也需要翅膀，夢想是雙翼，完成夢想的目標與行動是根。夢想如果沒有目標與行動，是毫無意義的幻想，目標與行動失去夢想則成為苦役。三者你全都需要，記住以下公式：夢想＋目標＋行動＝成功。

一個世紀之前，亨利・福特（Henry Ford）夢想讓每個美國家庭擁有一部汽車。在當時看來，這是一個不可能的夢想，因為當時汽車是由工匠手工打造，一次只能打造一輛，對一般美國家庭而言，是很昂貴的東西。我們都知道福特成功地完成了他的夢想，因為今天多數的美國家庭擁有兩部以上的汽車。福特如何完成他的夢想？他把夢想化為目標，目標化為行動，再把行動化為小而具體的任務，有完成的最後期限。製造汽車的程序變成許多小工作的裝配線，只要一點點訓練，每個人都能有效率的完成工作。如此減少了生產成本，讓每個家庭都買得起福特汽車。

讓夢想成真的程序亦是如此，一開始有個夢想，設定人生目標完成夢想，擬定一系列行動計畫，列出完成目標所需的活動。這不是什麼奇招妙術，是聚焦行動。以下是幫助你設定目標的指南：

1. **確定目標是你想要的，而且是你個人的目標**。只有你才知道什麼最適合自己，不要設定別人眼中的重要目標。問問別人的想法，以激發自己的想法是不錯的。事實上，朋友與親戚也許會看到你自己未發現的天分與熱情。但做最後決定的是你，因為這是你自己的人生。

2. **利用BEST公式設定目標**。BEST是四個字的縮寫，提醒你目標應如何設定：

- **可信的**（Believable）：不要把目標設得太短淺，你能達成的很可能超乎你的想像，目標要設得遠大一點，但別設定不可能的目標。戰役要夠大才有分量，但又要小到可以贏的地步。
- **振奮的**（Energizing）：設定可以讓自己精神大振的目標，讓你每天早上醒來都躍躍欲試。
- **明確**（Specific）：將成功的行動予以定義、量化。
- **完成期限**（Timed）：每一目標都應有最後完成期限，如果沒有，那就不是目標，而是幻想。

例如，「我要成為有錢人」就不是合乎BEST原則的目標，而只是個願望。BEST目標應是：「十五年後，我的投資組合有兩百萬美元價值。」

3. **寫下目標並經常回顧**。寫下目標，可以增加目標的清晰度與投入的程度。你在興建理想家園時會沒有藍圖嗎？你的目標就是夢想生活的藍圖，寫下你需要完成的目標，會促使你對應完成的事想得更清楚。經常瀏覽你所寫下的目標，可以神奇地增加你的達成機率。

4. **在生活各主要領域設立目標**。幾年前，可口可樂的布萊恩・陶森（Brian Dawson）在某一大學畢業典禮上致詞時，給畢業生一些很棒的忠告：

> 想像生活是你手上正在拋玩的五個球，分別為工作、家庭、健康、朋友，與精神。你很快就會發現，工作是橡皮球，掉了，還會再彈回來。但是其他四個球，家庭、健康、朋友，與精神，則是玻璃做的，掉了，就碎了。

均衡的生活是很重要的，既然你選讀本書，我想你的目標之一應是成為有錢人，並有時間享受。這是令人羨慕且有價值的目標，但是如果成為有錢人要付出健康、家庭等代價，或是要做些令你良心不安的事，又有何意義呢？財富只是達成目的的手段。

除了成為有錢人外，不妨花點時間設定一些其他的人生目標。以下是可以考慮的領域：

- **事業目標**：什麼樣的事業會真正讓你興奮？不要因為工作得來容易，就掉入其中。對工作既有天分又有熱情是很重要的，數千年前，亞里斯多德寫道：「世界的需求與你的天分交會之處，就是你的職業。」如果你對現在的事業樂在其中，要如何讓它更好？

- **家庭目標：**你該如何改善跟配偶與小孩的關係？如果你未婚，但是想結婚，該如何增加機會？
- **娛樂目標：**每個人偶爾都想充電一下，你想做什麼？
- **健康目標：**該如何確保並改善自己的健康？最佳良藥就是預防。
- **社區目標：**該如何擔任志工，或是回饋你所居住的地方？
- **人際關係目標：**該如何維繫或改善與朋友間的情誼？如何結交更多你想認識的人？
- **自尊目標：**有哪些事情可以加強你的自信，讓你覺得自己很棒？
- **宗教／性靈目標：**如何強化自己內心的平靜與信仰，過一個充實而有意義的生活？

最佳目標是能同時在數個領域上改善生活，回學校深造，也許會增進你在事業、收入與自尊上的目標。在動物救援庇護所工作為流浪動物找尋家庭，可以同時達到性靈與社區目標，又可以認識朋友分享自己的關心。與配偶或朋友開始長期節食與運動計畫，可以同時達成健康、人際關係，與自尊等目標。最佳的目標可以改善數個生活領域，領域愈多愈好。

5. **檢查目標是否彼此相容，並排定優先順序。**忽略這項步驟會讓你受挫，感到疲憊。太多人想事事都做到，抱歉，這是不可能的。要成為傑出的家庭主婦、有權勢的公司主管、小聯盟的總經理、超級老婆，與了不起的足球老媽，也許是可能的，但是沒有人有足夠的時間可以同時做好這五項。依照目標的重要性高低排好優先順序，在彼此和諧的情況下追求目標，完成夢想。生活是可能的藝術。

6. **把目標化為行動計畫**。行動計畫是中期目標，是日常待辦工作和終生目標之間的橋梁。有許多計畫的完成期限通常是超過一天，但短於一年。例如，我的中期目標是要完成這本書。深思熟慮的行動計畫可以讓日常活動有助於終生目標的達成。

終生目標並非是刻在石頭上，永遠不變的，而是要每年更新一次。隨著時間消逝，終生目標也會有所改變。新目標會加進來，舊目標被捨棄，這是很自然的事情。成功的生活與個人成長，就是在嘗試與錯誤中學習。

最後，別以為事情一定會照計畫進行，有件事可以確定，那就是事情絕對不會照你所想的。猶太古諺說：「人一計畫，老天就笑。」但是十分清楚自己想要什麼，並努力追求的人，和消極被動、恬淡無為的人比起來，絕對更有可能享受夢想中的生活。當我知道自己要什麼，並且放手去追尋時，美好的機會總會神奇地出現在眼前，每每令我驚異不已。其實那根本不神奇，這是和機會見面所要做的準備工夫。

行動計畫練習

以下是幫助你思考中期目標的練習，選一項你認為最重要的人生目標，拿出幾張紙，回答以下的問題：

1. **清楚並具體地寫下明年你想達成的目標。**
2. **為什麼你想達成這個目標？**
3. **如果成功了，這目標能為你做什麼？**
4. **你認為怎樣算是普通成功？很成功？以及非常成功？要具體回答。**
5. **你有多想達成目標？**
6. **達成此一目標對完成人生目標有何貢獻？**
7. **完成此一目標所要付出的代價為何？你願意付出嗎？**
8. **評估達成目標的機會有多大？**
9. **萬一不成功，將會如何？你承受得了嗎？**
10. **列出完成主要目標所需的次要目標，並訂出目標完成日。**

11. 完成目標有何阻礙？

12. 為朝向目標前進，今天你能開始做什麼？

選擇2

累積人生籌碼

長期的收穫絕不是短期思考的結果。

——無名氏

漫畫中有兩個傢伙看到一座階梯，上面寫著：「成功之梯」，其中一位表情嚴肅地對另一人說：「我希望這是座電梯。」

通往贏家之列的梯子不是電梯，除非你生在有錢人家、跟有錢人結婚、贏得樂透或賭場裡的累積彩金。正如唐納德・肯達爾（Donald Kendall）所說：「在工作以前，成功唯一出現的地方，是字典。」你必須願意爬上梯子。

多數人不了解的是，透過你下定決心的能量，某種程度上，你可以掌控梯子的長度與攀爬的困難度。多數人不知不覺地讓攀爬的困難度比實際上高。掌控之道在冒險，我們許多人並不了解，或是不曾想過。

冒險的想法讓你感到不安嗎？如果是，歡迎來到冒險俱樂部。除非有必要，我們多半不願意冒險。我們喜歡舒適感與安全感，但是我們都得與風險打交道，並做出人生重大選擇，就像是吃飯、睡覺一樣，冒險也是人生很重要的一部分。

人們面對風險，通常有三種方法，但其中兩種會讓你陷入時間與金錢的陷阱中。第一種方式是大無畏的冒險家，激勵人心的演說家通常把冒險的需求浪漫化，也許你讀過或聽過以下耳熟能詳的一些說法：

- 去做你所害怕的事情，害怕就會消失。
- 感受害怕，但還是要去做。
- 人生就是一場冒險，否則空無一物。——海倫・凱勒（Helen Keller）
- 保有夢想，讓瑣碎的事物隨意掉落。
- 要勇敢，萬能的力量會來幫助你。
- 除了恐懼本身，我們沒什麼好害怕的。——富蘭克林・羅斯福（Franklin D. Roosevelt）。

以上這些激勵人心的想法，真的可以鼓舞群眾，小說電影亦然。但是如同小說電影，這些說法忽略了大部分的現實。無所畏懼的人們「向前衝」，有時真的贏了。但問題是，忽略了重大冒險不利的一面，失敗的機率往往大於成功。人們沒有穩定地去爬成功之梯，而是乘著雲霄飛車忽上忽下，不是享受盛宴，就是忍受飢荒。

逃避與冒進錯失贏家寶座

你可能認識某人，他發了財，又全部失去，再發一筆財，又全部失去，如此週而復始。這並不少見（特別是激勵人心的演說家），也的確不會無聊，但這不是通往贏家最快與最穩定的方法，網路新貴就是一例。在歷史上，從未有如此多的人，得以如此短期致富。勇敢的下場是，強大的力量讓你破產、一蹶不振、無家可歸。這一部分，激勵人心的演說家卻很少提到。

人們面對冒險的第二種方式是逃避。那些可憐而小心翼翼的人，讓風險所可能產生的不利蒙蔽了雙眼，看不到潛在的收穫。逃避風險的人因為害怕失敗與未知，阻斷了通往贏家的任何機會。他們始終待在自己並不喜歡的工作或事業，一直到六十五歲時才覺得安全了，但他們知道的事情也只有那樣了。他們維繫著不快樂的關係與惡質婚姻，因為從頭再來太困難也太危險了。他們不喜歡自己所住的地方，但也不會夢想搬到比較喜歡的地方，因為那兒誰都不認識。

他們不想投資股市，風險太大了，他們的祖父輩在大蕭條時代就失去了一切。

透過這種行為模式，風險逃避者判決自己終身監禁在平庸裡不得假釋。他們也許會攀爬一兩階階梯，但不會更高了，因為他們堅持一隻腳要踩在地上。

與一般人所想的相反，多數到達贏家之列的人，並不是衝往破產的冒險家。事實上，他們多數非常小心，既不是冒險家也不是風險逃避者，他們選擇第三條路：成為好的風險管理者。當面臨主要風險時，他們盡量收集資訊，評估得與失，決定是否值得冒險。當機會有利時，他們全力以赴。不利時，他們就不管它，繼續前進。好的風險管理者不會全贏，但他們贏多於輸。結果是穩定的向上爬，前往贏家之列。

努力工作的新移民

以下的事實也許會讓你嚇一跳：美國合法移民成為百萬富翁的機率是本土出生者的四倍。原因很簡單：移民者認為美國是一個希望無窮的國家。他們聽著或讀著美國夢想的故事，懷著憧憬來到這裡，努力工作，要讓夢想成真。

數年前，我遇見一位已入籍美國的伊朗人，他擁有數個成功事業，身價好幾百萬美元。他告訴我，他希望每個十八歲的美國人能花一年時間待在伊朗，沒有家庭的任何協助，自己謀生，一年過後，這個美國年輕人就不會再視美國這個國家為理所當然，他們會睜開雙眼，看到無窮的機會在他們眼前，了解在美國賺錢是多麼容易的一件事。

我在教書時，一位來自遠東的學生告訴我類似的故事。他在美國有兩年的簽證攻讀企管碩士學位。他說花兩年時間念書讓他有罪惡感，因為在他的國家，人們認為能在美國待上兩年，已經可以變成有錢人了。

下次，如果你認為沒有機會成為贏家時，想想這些事情：每天都有人移民到美國來，他們會遇到以下的障礙：

- 學習全新的語言。
- 融入全新的文化。
- 取得美國公民權，而我們已經天生擁有此特權。
- 外來者所要克服的歧視問題。

儘管有這些障礙，他們仍然成為百萬富翁，機率是本土美國人的四倍。

走到鏡子前，直視自己雙眼，念這首小詩：

玫瑰是紅色，
紫羅蘭是藍色，
如果它們蘊含寶藏在其中，
你的身上也有百萬財富。

做個聰明冒險家

做一個聰明的冒險家，是邁向財務獨立自主很重要的一部分。許多人未能成為有錢人，是因為當他們在做人生重要抉擇時，並未考慮成功的機會及財務自主。但如果你按照以下七個準則行事，你可能會更快成為贏家，過程也會更加愉快。

1. **接受好的教育，但不要去太貴的學校**。今天，九〇%以上的有錢人是大學畢業生，其中一半擁有碩士以上學位。一個擁有學士學位的人比一個高中生，每年多賺一萬七千美元，碩士生又比大學畢業生多賺一萬四千美元，而有博士學位的人，又比碩士學位的人多賺一萬三千美元。除了賺錢能力增加外，良好的教育可以讓你過得更豐富更充實，這是錢無法買到的。

要把你所花費的教育經費充分利用，如果是你或你的父母在付學費，更應如此。如果可以獲得不錯的獎學金，進入少數優秀私立大學是難得的機會。但是，如果為了進入此類學校以致畢業後要背負龐大債務，那就不值得了[4]。嚴格挑選學生的大學培育出優秀的畢業生，因為學校選擇優秀學生，學校又以畢業生的成就為榮。這些大學的畢業生其實大都具有邁向成功的天分與動力，不管是就讀哪所學校都一樣。州立大學就可以提供傑出的教育，而費用卻少得多。在今天的世界，知識以光速在流通，所有的學校使用的教科書都差不多，教授在各自領域研讀相同的研究報告，而且大家使用相同的網際網路。

如果父母想把你送去一家昂貴的私立學校念書，私立學校與你所在地的州立大學，四年下來的學費差價，很可能超過十萬美元。告訴他們，你想念州立大學，請他們將差價投資於沒有負擔低成本的指數型基金，也許可以作為他們或是你的退休本錢。除了可以接受良好教育外，你還會讓父母感到欣慰，或是讓你更早進入贏家行列。

2. **選對職業**。已故演員喬治‧伯恩斯（George Burns）說過一句我認為是最棒的職業忠言：「愛上你所做的工作，此生你就不用工作了。」適合你的職業不代表錢賺得最多，或是地位崇高的行業，適合你的行業是：

- 你樂在其中，認為有意義。

- 你有興趣。
- 最能發揮你的才能。
- 讓你有成就感。
- 讓你擁有想要的生活型態。

一生當中，你可能會有數個職業生涯，也許要嘗試數次，才能找到適合自己的職業。我做過兩個職業，先是當教授，後來因此成為作家、演講者，與顧問。我從事第二個職業時比第一個職業要快樂許多，利潤也較多。經過嘗試與錯誤，我們生活並學習。

你第一個要做的職業選擇，是為自己還是為他人工作。在今天自由工作者（free-agent）的經濟下，工作保障像蒸汽火車般消失了，愈來愈多的人選擇做一個獨立的專業人士。專門為獨

④編注：美國大學學費高昂，公立、私立大學學費差距約三倍。依據教育部統計資料，二〇一三年美國公立大學平均一年收費八千三百一十二美元；私立大學為兩萬五千六百九十六美元；常春藤名校則約四萬至五萬美元，一年學費加食宿常超過七萬美元。
台灣大學學費相對便宜，據二〇一七年統計，公立大學平均一年收費約五萬八千七百二十元，私立大學為十萬九千九百四十四元。

立專業人士與企業擔任仲介的愛肯特（Aquent）公司做過一項調查，獨立工作者較傳統型工作者滿意他們的工作情況。同時，在每年收入超過七萬五千美元者中，獨立專業人士也較一般員工多出兩倍。

統計上顯示，自我雇用的老闆或專業人士，成為贏家的機會較高。不過，身為員工依然可以巧妙地晉身贏家行列。許多人受雇為會計師、工程師、教授、銷售員、公務員，或公司主管，依然可以累積自己的財富，成為有錢人。千萬別以為要當個有錢人就要成為企業家，絕非如此。

如果你想自己創業，有一句話要提醒你：不要花錢買工作。許多人借了大筆的錢，投入畢生積蓄，無時無刻不在工作，但回收卻低於指數型基金。他們不僅在金錢上回收較差，也浪費了許多時間，這些時間他原本可以賺一份薪水、與家人共處，或是做自己想做的事情。錢只是錢，但時間就是生命。在自行創業之前，要了解那個行業，並請客觀第三者評估那個行業的賺錢潛力如何。

3. **採取行動確保身體健康**。這不是一本關於健身的書，所以我簡短的說出要點。如果你菸癮很大、飲食過度、生活沒有節制、壓力過大、又不運動，你也不需要存老本了，在你還沒進入贏家之列之前，你就已經掛了，其他人會來享受你辛勤工作的果實。要做自己最好的朋友，好好照顧自己。腰纏萬貫但是百病纏身的人生，毫無意義。

4.**選擇生活費用低的地方居住**。你大概也知道，全美各地的生活費用差異很大。如果願意重新找地方住，可以大大減輕你向上攀爬進入贏家之列的負擔。如果不用負擔龐大的抵押貸款、高額的州稅、房地產稅，以及暖氣費用等等，存錢就容易多了。千萬不要住在某些所得一半以上都必須交付聯邦稅、州稅，與地方稅的地方。

一般而言，最貴的居住地方是大西洋岸華盛頓至波士頓之間，以及太平洋岸聖地牙哥至舊金山。生活成本較低且賺錢潛力較大的地方是中西部、南部，以及西南部。讓我籃子裡的雞蛋增多的一大因素，就是因為我住在紐奧良的郊區數年之久，房子沒有抵押貸款也沒有地產稅。信不信由你，這是完全合法的。

如果你住在昂貴的地區想搬家，不妨到homefair.com的網站⑤上使用線上薪水計算功能，你可以將自己區域的居住成本與你想要居住的城鎮做比較，可以多鍵入幾個城市試試看，會讓你大開眼界。

---

⑤ 編注：homefair.com網址是https://www.homefair.com/，服務項目包括買屋、租屋行情查詢、搬家費用估價、打包整理、卡車出租、生活指數查詢等。台灣買屋、租屋常見的網站有５９１租屋網、好房網及各大房仲公司網站，常見的搬家服務網站則有崔媽媽基金會。此外，內政部不動產交易實價查詢服務網會定期發布最新的實價登錄資料，民眾可以即時查詢房地產交易價格，更方便地掌握不動產交易市場行情。

5. **找個儉樸並與你一樣嚮往財務自由的人廝守終身**。多數人是因為浪漫的愛情而結婚，我完全贊成。但是，對金錢看法歧異，也是婚姻不和諧與離婚的首要原因。

錢不是浪漫的話題，所以多數人在婚前並未嚴肅地討論過。然後現實來了，除了其他事情之外，婚姻也是一種財務安排。不要婚後才發現，你愛儉樸，但你的另一半喜愛奢侈揮霍。良好的婚姻建立在分享的價值觀，兩個人必須方向一致。

千萬不要小看選對配偶在財務上的意義，兩個都有收入的年輕人，可以在很短的時間內讓財務自由的目標實現。另一方面，一場混亂的婚姻以離婚收場，即可能耗掉你一半的財富，另外還要加上法律費用、贍養費，與小孩扶養費。經過數次離婚後，幽默大師路意斯•葛瑞查德（Lewis Grizzard）寫道：「與其再結婚，還不如去找一位我不喜歡的女人，再給她一棟房子。」

人生決定影響財務自由

如果你打算結婚，要確定你的另一半與你在財務上的想法一致，而且對未來的憧憬一致。如果你資產頗豐，更要慎重考慮擬定婚前協議書。不幸的事實是，在美國有五〇%的婚姻以離婚收場。在冒此一重大風險時，要客觀地看這機率，盡全力保護你的資產。

6.**買中等價位的房子**。我想你聽過許多新世代的理財大師反對購買房子的論點：太貴了、維修費太高、錢都被綁死了、搬家不容易，或是投資在股票長期收益較佳等等。言之成理，但是現實的情況是，多數美國人的淨資產在房子。看一看一九九八年哈佛大學房屋研究中心（Harvard University Center for Housing Studies）所做的統計，比較房屋擁有者與租屋者的差異：

- 五十五歲以上的房屋擁有者，財產價值的中數為十七萬七千四百美元，房屋資產為八萬美元，五十五歲以上的租屋者，其財產價值中數為五千五百美元，房屋資產為零。
- 白人房屋擁有者的財產價值中數為十四萬八千九百二十美元，白人租屋者為五千八百美元。
- 非洲裔美國人房屋擁有者的財產價值中數為六萬七千二百八十美元，非洲裔美國人租屋者為一千六百六十一美元。
- 西班牙裔美國人房屋擁有者的財產價值中數為七萬美元，西班牙裔美國人租屋者為二千美元。
- 亞裔與其他裔美國人房屋擁有者財產價值中數為十六萬三千八百美元，亞裔與其他裔美國人租屋者為七千七百六十美元。

如果你想進一步了解擁有自己房屋的重要性，《紐約時報》在一九九九年三月二十一日有以下統計報導：美國房屋擁有者在退休時的財產淨值是十一萬五千美元，而沒有房屋的人退休時的平均資產淨值只有八百美元。

事實上所有的百萬富翁都是房屋擁有者，房屋是一項資產，會增值，強迫你儲蓄，而且還可避稅，也是財產淨值的主要基礎。房屋所有權讓你陷入麻煩的原因，在於買了自己無法負擔的房子，或是所買的房子需要昂貴的維護費，以致無法等到增值便脫手了。抵押貸款、保險，以及稅，不要超過收入的二五%。若要讓投資有較好的回收，一棟房子至少要住上五年，除非你有以下的致富策略：

假設你買了一棟房子，住了兩年後賣掉，若你是單身，保有的售屋利潤最高可達二十五萬美元，如果你已婚，則可達五十萬美元，這些是免稅的。然後，再買一間較高級的房子，搬進去住，好好保持屋況，兩年後再賣個好價錢，把部分資金投資指數型基金，再換一間較高級的房子，週而復始。假以時日，你將成為有錢人。

如果你單身，想要買房子，不必等到意中人出現再買。如果有能力買房子，何必再付錢給房東？我與我太太認識時，都已各自擁有房子，決定結婚後，就把那兩棟房子賣掉，付了頭期款，買了夢想中的房子。

7. **孩子不求多**。儘管我朋友說養小孩好處很多，但因為我沒有為人父母，對於有小孩的種種好處，無法置評。但我知道的是：養小孩要花錢，要花很多錢。根據國家金融教育基金會（National Endowment for Financial Education）與美國人道協會（American Humane Association）所出版的資料，從小孩出生到十七歲的養育費用估計為十一萬七千美元。如果加上大學費用，每個小孩的花費很容易就達到十七萬五千美元至二十萬美元。

我並非鼓勵你不要有小孩，但是請你留意養孩子的財務負擔，要在財務自由與生兒育女之間求取平衡。在美國，多數的百萬富翁有兩三個小孩。對孩子的愛會激勵我們更努力工作，累積更多財富，為他們提供最好的環境。但如果你計畫生半打的小孩，每個小孩需要十七萬五千美元的花費，那你的動機要更強烈，才有可能進入贏家的圈子。

總而言之，你在教育、職業、健康、居住地點、婚姻、房子，與小孩等人生選擇上所做的決定，對於你到達財務自由目標的快慢與難易有很大的影響。我不認為做這些決定只是因為財務上的考慮，但是忽視這些決定對財務的影響，卻是非常不智。我大學一年級時讀到一本書對成熟的定義，成熟是知道今天的行動將導致明日後果的能力。時間與經驗告訴我，這是我學過的最好教訓之一。

二十年後，我與一位三十五歲的大學精神治療醫師喝咖啡閒聊，她向我抱怨所選的職業薪水低，我同情地聽著。她說：「我二十歲時，認為錢不重要，只要一間小公寓，足以溫飽餬口，就心滿意足了。」接著，她停頓一下，低頭望著咖啡杯，抬頭說道：「你知道嗎？真是鬼扯。」

選擇3

節省支出，努力存錢

盡力爭取，得到後，好好保存，恪守此言，就能點石成金。

——富蘭克林

現在我們要從想成為有錢人的人中，區隔出真正想要做到的人。如果善於存錢，你就會做到，如果不善於存錢，你就做不到。就是這麼簡單。如果不會存錢，不論你多麼辛勤地工作，多麼會賺錢，多麼會投資，都沒用。**如果你不存錢，就不用祈禱成為有錢人了。**

達特茅斯學院（Dartmouth College）經濟學家史蒂芬・凡提（Steven Venti）與美國國家經濟研究署（National Bureau of Economic Research）的大衛・懷斯（David Wise）所做的報告〈退休時選擇、機會，與財富的分散〉（Choice, Chance, and Wealth Dispersion at Retirement），已經證實存錢的重要性。他們把人們一生所賺的錢與退休時的資產淨值做比較，發現一些高收入的家庭在退休時只有小部分的財富。相反地，中等收入的家庭在退休時卻有大筆財富。他們接著探討各種隨機事件，如繼承遺產或身體違和等對家庭財富可能有的正負影響。以下是他們的發現：

我們發現財富累積多寡的差異，在於家庭存錢的額度。若是賺錢能力相當，但是存錢額度有差異，隨著退休年齡的逼近，所累積的財富水準差異也愈大。

缺乏存錢意願的結果

缺乏存錢的意願，讓大多數人陷入時間與金錢的陷阱中。美國人的工作倫理還算不錯，但是美國人卻嚴重缺乏存錢的倫理。

一九九七年，「公眾議程」（Public Agenda）針對一千兩百位，年齡從二十二歲至六十一歲，尚未退休的美國人進行調查，結果發現：

- 三八%的嬰兒潮出生者，存錢額度低於一萬美元。

- 三〇%年齡在五十一至六十一歲的人，存錢低於一萬美元，同年齡層中只有二九%的人累積財富達十萬美元。

——《美國人口統計資料》（*American Demographics*），一九九七年八月

- 根據美國普查局（Census Bureau）一九九五年的統計調查資料，如果不包括提款卡與信用卡，美國家庭的存款中數只有一千美元，若包括提款卡，則存款數字為兩千七百美元。多數人沒有存款計畫，只是靠薪水度日。

——《亞利桑那共和報》（*The Arizona Republic*），一九九九年十月二十日

- 基本上，約三分之一的家庭是破產的，基本上這問題是，有三分之一的人口沒有現金資產。

——伯恩斯（Scott Burns），《達拉斯早報》（*The Dallas Morning News*），一九九九年八月二十二日

- 只有三分之一的美國人存有足夠的錢以供退休。不包括房子，美國人的平均財富約為一萬五千美元。六十五歲以上的退休人士，有一半以上生活貧困，靠社會福利過活。

——法瑞爾（Paul Farrell），哥倫比亞廣播公司市場觀察網站（CBS. Market Watch.com），二〇〇〇年八月三十一日

- 不包括房子資產，美國家庭一九九八年（聯邦最新資料）財產淨值的中數只有

九千八百五十美元。在二〇〇〇年，至少擁有一張信用卡的家庭，平均信用卡使用額度是八千美元。

——《今日美國》（*USA Today*），二〇〇一年二月二十一日

- 根據美國消費者聯盟的調查，五三％的受訪人說，他們大部分是靠薪水度日。年收入為二萬美元至五萬美元的中間收入者，靠薪水度日的比例升為六四％。年收入低於二萬美元的低收入者，比例更高達七九％。

  ——美聯社線上新聞（Associated Press Online），二〇〇一年二月二十日

- 我看過一份針對十八歲到三十四歲美國人的調查，寄望於以吃角子老虎成為百萬富翁的年輕人，投入吃角子老虎的錢是投入個人退休帳戶的兩倍。

  ——巴貝許（Fred Barbash），《華盛頓郵報》（*The Washington Post*），二〇〇〇年八月六日

- 「專家說，樂透中獎者十人中有七人在三年內花光所有彩金。」

  ——《國家廣播公司晚間新聞》（*NBC Nightly News*），二〇〇一年八月二十七日

如果問：你要把一生大半時間都花在為錢工作？還是讓錢為你工作？多數人都會選擇後者，但是因為錢存得不夠，只能成為前者。你所存的每一塊錢，可以幫你賺更多的錢，但是你

所花的每一塊錢卻無法如此。你所存的每一塊錢與所投資的每一塊錢，都縮短了你成為有錢人的時間，但你所花的每一塊錢卻無法如此。你的每一塊錢負債，都延長了你獲得財務自由的時間。你無法一方面想登天，一方面又在挖洞。

賺錢不能帶來財富

單從財務觀點來看，存錢比賺錢更好，因為你所存的錢不必再課稅。若你未在昂貴汽車、衣服、珠寶、豪華假期，或是時髦餐廳消費，你每節省一千塊錢，即意味著不必再去賺一千四百元。相反地，你每花一千塊錢，就得賺一千四百元，因為你得付稅。**收入與花費是要課稅的，但是財富是不用課稅的**。唯一的例外是，當配偶雙雙過世，遺產是要課稅的。事實上，政府藉由稅賦延遲給付或是免稅存錢計畫，如401(k)[6]或是羅斯個人退休帳戶鼓勵民眾存錢[7]。

⑥編注：401(k)為美國退休福利計畫，由雇主申請設立退休金帳戶，勞工每月提撥某一數額薪水至帳戶，提撥部分多寡可自行決定。當勞工離職時可以選擇將其中金額撥往一個金融機構的個人退休帳戶（ＩＲＡ）或是新公司的401(k)帳戶。

長久的財富都是建立在存錢的基礎上，如果你不存錢，賺錢是不會帶給你財富的。如果不存錢，繼承大筆錢財，也不會讓你變得有錢。如果不存錢，贏得樂透也沒用。投資可以讓你致富，但是不存錢就沒有錢投資。通往財務自由之路一定得通過存錢，沒有捷徑，也無法繞道。每一位白手起家的有錢人，都致力於存錢。

你與你的另一半都陷在時間與金錢的陷阱中嗎？為了自己想過的生活，你們都是長時間工作，但卻無暇享受嗎？是否為了金錢付出太多時間？錢是否讓你壓力太大？我有個重要問題問你：你是否想過少花一點、多存點錢？

我知道，在今天這個賺錢是為了花錢的社會裡，我的說法頗為另類，但是問題很明顯，我們是一個花錢過度的國家。行銷大師讓我們相信，花錢是很酷的事，每天，成千上萬的廣告轟炸我們，要我們花錢、花錢、花錢。他們做得十分成功，以致許多人困惑自己究竟是誰，擁有什麼。缺錢不是問題，不存錢才是問題。存錢可以讓你變得有錢、獲得自由，但是多數人都被自己的花錢習慣困住。根據一九九八年美國普查局派翠克•普瑟（Patrick J. Purcell）所做的調查，年齡在二十四歲至六十四歲的勞工（六百六十萬人），六一％沒有任何一種退休存款。

許多金錢上的事，非我們所能控制。我們不能全然控制賺多少錢、不能控制課稅額度、不能控制通貨膨脹的幅度，也不能控制投資的回收。我們在金錢上唯一能控制的，就是決定花多少錢。你不能控制經濟，但是你可以控制你的經濟。

關於不能存錢，我聽過太多藉口，包括：我們已經成為不是有錢人就是窮人的社會，今天要有兩份收入才可能存錢，因為賺的錢較少，女性與少數族裔無法存錢，下一代會活得不如上一代。荒謬！想停留在時間與金錢的陷阱中，就繼續說服自己無法存錢吧。

事實上，每一位美國公民只要是智商在八十以上，都是經濟體制下的贏家。因為運氣好，我們生活在全世界有史以來最富裕的國家，而且還會變得更富有。偉大的財富列車正在軌道上，而且加速前進。當你有機會上車時，為什麼要坐看列車駛過？一旦你有了儲蓄的習慣，你就已經買票上車了。

財務自由不用花錢

達成財務自由不需花一毛錢，它不是禮物，也不容易做到，但它是免費的。你購買任何東

⑦編注：依據我國所得稅法第十四條與勞工退休金條例規定自願提繳之退休金或年金保險費，合計在每月工資六%範圍內，不計入提繳年度薪資所得課稅；年金保險費部分，不適用第十七條有關保險費扣除之規定。台灣沒有參加勞保、農保、公教保、軍保且年滿二十五歲的國民，可以參加「國民年金」的社會保險制度，簡稱國保。因此，勞保、農保、國民年金保險及軍、公、教保險的保險費都享有免稅存錢的租稅優惠。

西，才是需要花錢，且讓你無法存錢、無法投資、無法進入贏家之列。當你開始存錢，就是投資自己，投資愈多，愈早買到你的自由，過自己想要的生活。

如果回收如此巨大，為什麼沒有更多人要存錢？原因之一是不曉得小錢會隨著時間而增加，讓你從貧窮變成財務自由。另一個原因是，不願意將今日所得做一些投資，讓明天更好。但是第三個原因也許是最大的：我們讚美花錢者，卻揶揄存錢者。花大錢的人被認為是有錢的、成功的、慷慨的、受歡迎的，而存錢者往往被詆毀成小氣的、粗鄙的、吝嗇的、貪婪的。例如：

- 因為很會存錢，猶太人的形象向來被誤以為是貪婪的。事實上，他們多數都很慷慨仁慈。千年來的被迫害，讓猶太人為了求生存而努力存錢。
- 每到聖誕節時，小朋友都會讀到、聽到，或是看到狄更斯的經典作品《小氣財神》（*A Christmas Carol*）。誰是壞人呢？伊貝森・史庫奇（Ebenezer Scrooge），他的名字令人想起無情而吝嗇的商人形象。
- 「中央喜劇頻道」（Comedy Central）的節目主持人班・史坦（Ben Stein）曾說過：「在好萊塢節儉的人通常會被視為畸形、輸家，或怪胎。我真希望好萊塢能向外傳達出一項訊息，就是存錢是一件非常好的事情。」

除了貶損節儉之外，電影與電視也經常把有錢人或是生意人描繪成奸詐的壞人，例如電視肥皂劇《朱門恩怨》（*Dallas*）裡惡名昭彰的小傑（J.R. Ewing）。大學教授經常把生意人形容為貪婪的、不誠實的，與邪惡的。但是這些生意人創造了財富，而這些財富讓大學與教職員得以維生。

根據美國退休人協會（American Association of Retired Persons）的調查，年齡在十八歲以上的人，有三分之一的人說他們不想變成有錢人，這一點也不令人訝異。只有八%的人說，有一百萬美元以上會讓他們覺得富有。五分之四的人害怕財富會讓他們變得貪婪，而有四分之三的人擔心財富讓他們變得感覺遲鈍。儘管多數人都想成為百萬富翁，但是卻不想像百萬富翁一樣。

我們對財富是很矛盾的，經濟上的成功是美國夢的主角，但對所要採取的手段卻不屑一顧，而且不信任那些已經取得財富的人。

存錢妙方

歸根究柢，我們對生命中的金錢只能做兩件事，存錢或是花錢。享受富裕生活的關鍵，在於存錢與花錢兩者之間取得平衡。

我建議採取VST的手法存錢：遠景（Vision）、策略（Strategy），與手段（Tactics）。首先，自己要有如下的遠景：充分利用自己所擁有的錢，獲取最大的人生樂趣。意思是每天都能享受自己的一些錢，包括今天。也許你可以讓自己享受人生中的美好事物，養家餬口，投入慈善工作，或是宗教信仰、協助孫兒輩教育等，你一心想做的事情。這是你的錢，任何你覺得妥當的安排，都可以從中得到樂趣。

然而，除非你的壽命很短，否則你無法不存錢而仍能充分享受。因此，你需要存錢的策略與手段，讓我們先討論一些眾所周知的道理：

1. **先付錢給自己**。每筆薪水至少存下一〇%，如果要等到自己覺得方便時再存錢，那就永遠也存不了。如果達成財務自由是你的首要工作，那麼存錢就是你的財務第一優先事項。如果你沒有任何存款，請先存下六個月的生活花費，投入指數型基金，這是你的緊急備用基金。

2. **愈早開始愈好**。愈早開始儲蓄，複利的效果愈佳，愈早讓你晉身贏家之列。

這裡有個例子說明為什麼愈早開始愈好：包博和貝蒂都是二十一歲，包博三十一歲才開始每年投資二千美元，總計三十四年，總投資額為六萬八千美元。貝蒂從二十一歲起便每年投資兩千美元，只投資了十年，總投資額為二萬美元。假設兩人的年投資報酬都是一〇%，到六十五歲時，包博的投資組合價值為四十一萬九千美元，但是貝蒂的投資組合為八十一萬四千美元。因為早投資了十年，雖然貝蒂的投資額只有包博的二九%，但收益卻比包博多了三十二萬四千美元。

3. **加薪或是有意外之財時，就多存點錢，增加投資**。存的錢愈多，就能愈早脫離時間與金錢的陷阱。如果你真的想及早晉身贏家之列，大約得將收入三〇%至五〇%存起來。把未來的獎金與加薪存起來，這樣做不會感覺痛苦。許多人犯的錯誤是，把意外之財與加薪用來買新的奢侈品。一旦食髓知味，奢侈品就變成必需品，賺錢是為了花錢的惡性循環就開始了。

我開始教書的時候，母校的同事約翰・大衛生（John Davidson）給過我很棒的忠告。當時我的年薪可以分成九個月領取，或是十二個月領取。合理的財務做法是分九個月領取，因為可以早點運用到那些錢，但是約翰說：「麥可，分十二個月領薪水，你會習慣於那樣的薪資水準，當你教暑期班賺了額外的錢之後，就可以把那些錢存起來投資。」這真是很棒的忠言，每當我暑假教書、收到書的版稅，或是有額外的收入時，就將大部分的錢存起來投資。這種早一點存錢的習慣持續了很久，讓我最後終於財務獨立。

4. **盡可能延後繳稅**。許多人不用增加工作便可以加薪，同時又可以避稅，但他們放棄這樣的機會，你相信嗎？如果你們公司有公司贊助的延遲繳稅帳戶，如401(k)，但是你卻沒有充分利用，你應該也是這種人。史嘉德基金管理公司（Scudder Kemper）的調查顯示，只有三分之一的員工在他們二十多歲及三十多歲時，充分利用401(k)帳戶。多數人放棄收入可避稅的途徑，把稅存起來，也放棄一般公司提供的相對基金計畫（matching fund），即員工每存一塊錢，公司相對提撥五十分，最高可以達到薪水的六%[8]。

延後繳稅帳戶如401(k)、403(b)、基奧計畫（Keogh）、簡易雇員退休金計畫（SEP IRA）等，都是累積財富的好方法。這些錢是免稅的，許多老闆拒絕提供相對基金，這些錢複利生息而且是免稅的，除非你提領出來才會課稅，通常是五十九歲半以後可以提領。跟你的老闆問清楚，如果你自己當老闆，找會計師或是財務規畫師問清楚，何者對你最有利。找出每年最佳省錢之道，此一策略與下一策略，千萬不要錯過。

5. **別偷懶，善用羅斯個人退休帳戶**。羅斯個人退休帳戶是另一個累積財富的好方法，你所投入羅斯個人退休帳戶的錢沒有扣稅減免，這是個壞消息。但好消息是，這些錢所產生的複利是免稅的，而且永遠不必課稅。不像是401(k)帳戶是延後繳稅，你不用等到七十歲時才去提錢，而且錢可以給繼承人，也是免稅的。假設你投資羅斯個人退休帳戶至少已有五年的時間，滿五十九歲半時，你就可以提領。如果你所提領的錢是為了第一次購屋，在五十九歲半之前便可提領，沒有罰則，一生最高額度是一萬美元。

如果你未滿五十歲，在二〇〇二年、二〇〇三年，以及二〇〇四年，投入羅斯個人退休帳戶的最高限額為三千美元。在二〇〇五年、二〇〇六年，及二〇〇七年，可調高為四千美元，然後二〇〇八年為五千美元，二〇〇八年之後，最高可投入金額將根據通貨膨脹率調整⑨。五十歲以上的人，在二〇〇二年、二〇〇三年，及二〇〇四年的最高投資限額為三千五百美元，在二〇〇五年為四千五百美元，二〇〇六年及二〇〇七年為五千美元，二〇〇八年為六千美元⑩。如果你是單身，必須要有收入，總收入九萬五千美元以下，如果是申請共同帳戶，則總收入為十五萬美元以下。如果是已婚，總收入超過十六萬美元，或是單身而總收入超過十一

---

⑧編注：以台灣情況而言，勞工自願提繳的退休金，只要金額是在每月工資六%的範圍內，依法都可以自當年度個人綜合所得總額中「全數扣除」。所以理論上，「薪資所得」愈高的上班族，假設有自願提繳退休金，節稅的效果就會愈高。因為薪水愈高，可以「不用計入的六%」絕對金額，自然比較高；若無一定雇主的勞工所得項目是「執行業務所得」，就無法享有以上節稅的優惠。相對而言，實際從事勞動的雇主，只能以個人身分自願提繳（亦即自提六%），該事業單位不能為其提繳。整體來看，我國勞退新制基金規模兩兆三千三百三十五億元，二〇一九年度至十一月為止報酬率為九・九六%；勞退舊制基金規模九千四百五十億元，二〇一九年度至十一月為止報酬率為十一・八五%；而軍公教之退撫基金規模五千八百一十一億元，二〇一九年度至十一月為止報酬率為九・三四%。

⑨編注：二〇〇八年、二〇〇九年、二〇一〇年、二〇一一年、二〇一二年為五千美元；二〇一三年、二〇一四年、二〇一五年、二〇一六年、二〇一七年、二〇一八年為五千五百美元、二〇一九年為六千美元。

⑩編注：二〇〇八年、二〇〇九年、二〇一〇年、二〇一一年、二〇一二年為六千美元；二〇一三年、二〇一四年、二〇一五年、二〇一六年、二〇一七年、二〇一八年為六千五百美元、二〇一九年為七千美元。

萬美元都無資格申請。稅法時常在改，所以要查查看自己是否可以申請，並充分利用額度。

6. **開車可能危及財富**。除了房子以外，多數人一生中所買最貴的東西就是車子。但是房子會增值，新車則是可怕的投資，在頭兩年就喪失了三分之一的價值。新車的氣味大概是市場上最昂貴的香水。

從財務的角度來看，最好是買一部車齡二至五年的車，以現金付款，只要維修費還算合理就不用換車。除非你每兩三年就要換一輛新車，否則不要考慮用租的。從財務的觀點來看，買跑車是最壞的打算，跑車平均比一般車子貴兩萬美元，又很耗油，每個月的油錢、維修費，以及保險費，要多出一百至兩百五十美元。萬一你還不明白，想想看，如果你將那兩萬美元投資在指數型基金，每年投資回收率是一一％，四十年後獲利就有一百三十萬零一十七美元。

車子是美國人生活中不可或缺的一部分，買車也是一個美好的經驗，我買過幾次車，也會繼續買下去。但是，今天有數百萬的美國人，靠著社會福利金過日子，卻把可能有數百萬美元退休投資組合的錢花在買新車上。

7. **保證每年輕鬆賺取一八％報酬率的辦法**[11]。付清你的信用卡債務，否則你得因此付利息。不要欺騙自己，信用卡的利息會讓你在時間與金錢的陷阱中待更久。如果你有龐大的信用卡未償餘額，趕緊付清，因為你將錢投資在任何地方，保證都沒有一八％的報酬。付清信用卡債務之後，只有因為方便才使用信用卡，而且買你負擔得起的東西，使用免年費，而且至少有二十五天寬限期的信用卡，如果可能，要找有回饋或點數扣抵的信用卡。

8. **記錄支出**。連續記帳一個月，你會發現各種不必要的花費，省下這些花費，可以讓你達成財務自由的目標。隨身攜帶小卡片或是小記事本，記下所買東西的價錢，除了可以讓你知道錢是如何花掉的，還可以讓你想一想，這些東西到底值不值得買。每月支付的帳單錢，也要加在帳冊裡。

每月月底，將所有的花費加總起來，數目會嚇你一跳。你是否花太多錢買書、在豪華餐廳用餐、喝時髦的咖啡、雞尾酒、軟體、衣服、珠寶等東西上？許多東西都是我們一時衝動下購買的，對於我們的享樂增添有限，這些都是要刪減或是消除的項目。記住，每天只要省下美金八塊二毛五，就可以開設羅斯個人退休帳戶[12]。

---

⑪編注：我國的狀況如下：依據銀行法，信用卡利率上限為一五％。舉例來說，信用卡循環信用的帳單分期交易金額一萬元、期數分為三期，每期需付金額為三千四百零六元（包含利息第一期一百零八元／第二期七十三元／第三期三十七元）、總利息金額為二百一十八元、年利率等同總費用年百分率的一三％。

⑫編注：每天省下美金八塊二毛五，約等於新台幣七百七十五元。其實，達成財務自由比你想像的還要簡單。例如每月薪水四萬元的勞工，其投保級距為四萬一千元，每月雇主提撥六％金額為兩千四百零六元，如果勞工自願提撥六％也就是二千四百零六元，等於每天只要省下八十元、存起來，既可以加大個人退休金專戶的金額，又可以享受薪資所得每月兩千多元的節稅優待，真是一舉兩得。

9. **計算流失掉的財富**。你是否將你未來的財務自由挪去買車？或是佩戴在手上？圍在脖子上？在餐廳裡吃掉？抽掉？或是被喝掉？你是否租著豪華的公寓，把錢給了房東？而你原本可以將這筆錢投資於可以增值的房子，還可以扣稅減免。這些東西的真正成本不只是所花費的金錢，也包括隨時間所累積的複利。

經驗法則顯示，相對於每三年買一輛新車，買一輛中價位的二手車，每一年可省下開車成本兩千五百美元。因此，假設你沒有每三年買一輛新車，而是買一輛車齡三年的二手車，將每年所省下的兩千五百美元投資於股票指數基金，年投資報酬是一一%。假設你在二十一歲時如此做，等到六十五歲時，你的汽車存款帳戶將成長至兩百四十六萬六千五百九十六美元。假設你家有兩輛車，到了六十五歲時，你的財富將因此增加四百九十三萬三千一百九十三美元。當你朋友問你如何成為有錢人時，你可以說你從事二手車買賣生意。

10. **了解並非所有債務都是一樣的**。通常債務都令人皺眉，但債務也可以是不錯的投資。只要背負債務的時間沒有過長，或是沒有過度借貸，那麼借錢買房子、創業，或接受教育，就可能是絕佳的投資。例如，借錢念研究所就是我的最佳投資之一。我將我們的房子拿去抵押借款，因為利率低而且繳付利息可以抵稅，我將借來的錢投資於低風險的債券基金，所得足以支付抵押貸款利息。但是如果我在利率是兩位數字的八〇年代初借款，那麼最好早點還清借款。

脫口秀天王威爾・羅傑斯（Will Rogers）曾說：「許多人花的比賺的多，購買自己不需要的東西，目的只是為了向討厭的人炫耀。」住豪宅、開名車、穿金戴銀，並不表示此人有錢，的確，很多有錢人最後住進救濟院。富裕與擺闊的差別，就像是閃電與螢火蟲。有錢人與窮人的差別，就在於你是否決定存錢。

選擇4

提高自己的時間價值

你無需做一個工作時間最長的人，要做一個在工作時最投入的人。

——詹姆斯・伊凡斯（James Evans），貝斯特西方飯店（Best Western Hotels）執行長

你工作一小時值多少錢？如果你一星期工作四十小時，每星期薪水一千美元，顯然每小時值二十五美元。但真是這樣嗎？如果你每天通勤時間要花一小時，每星期還要在家花十小時做與工作相關的電話聯繫及文書工作，實際上你是一星期工作五十五個小時，而這種情形在今天相當普遍。

如果需要更多錢，你會怎麼辦？美國傳統的工作倫理告訴我們，致富之道是延長工作時間，而且更努力工作。從以下的調查發現，多數人確實是如此做。

- 一九九九年，蓋洛普（Gallup）調查顯示，有四四％的美國人，也就是超過一億人，認為自己是工作狂。七七％的人說，他們放下工作時比在工作時快樂。
- 二〇〇〇年七月號的《美國人口統計資料》指出，已婚夫婦平均每年工作時數比一九六九年的上班夫婦要多出七百一十七小時。
- 根據國家睡眠基金會（National Sleep Foundation）研究，我們的睡眠時間比一百年前的祖先要少二〇％。四五％接受調查的成年人說，他們會犧牲寶貴的睡眠時間去做更多的工作。
- 位於加州門羅公園（Menlo Park）的一家全國性人力派遣公司「辦公室團隊」（Office Team）調查顯示，一九％的員工每天在午餐時間工作，四三％的員工每星期至少錯過午餐一次。

根據希爾頓飯店的世代時間調查（Generational Time Survey），對象是一千二百二十位成年人，報告中指出：

- 六八％需要更多樂趣。
- 六七％需要長假。

- 六六%經常感受到壓力。
- 六〇%覺得時間被擠壓。
- 五一%想要工作少一點，玩樂時間多一點。
- 四九%覺得有成功的壓力。
- 四八%覺得受不了。

提升工作所顯現的價值

也許你熟知一句俗語：「愈努力工作，就愈幸運。」這想法不錯，但是談到賺錢，就不適用了。錢流向價值所在，也許你得辛勤工作以創造價值，但並非是你辛勤的工作吸引金錢，而是價值吸引金錢。沒有人在意工作辛苦與否，但是大家都想看到成果。工作辛苦卻無法創造看得見的價值，就如同汽車的輪子在泥濘裡空轉一樣。

如果你想賺更多錢，就不要再相信長時間工作是解決的辦法，這是錯誤的迷思。你要將時間與精力花在如何讓時間換取更多的報酬。報酬要更多，關鍵在增加工作所顯現的價值。

身為員工，要提升你工作所顯現的價值，在於讓雇主或潛在雇主相信，你為企業所帶來的生意，遠高於你的薪水。例如一流大學的美式足球隊總教練，他的薪水遠高於上級長官大學校長與體育主任，因為錢流向價值所在。如果教練經常獲勝，每次主場球賽的門票都銷售一空，學校就可以從電視報導、季後比賽、特許權，及校友捐獻中獲得額外收入。一場主場比賽的門票收入比教練一年的薪水還要多，如果大學付給教練的薪水是百萬美元，而教練所指導的隊伍可以帶進千萬美元的收入，大學就相當划算。如果學校對於調升教練的薪水有所猶豫，那麼另一所急需贏球的大學，就會很高興地雇用他。

頂尖銷售員的薪水比直屬主管還要高，這是很平常的事，因為他能創造營收。主管若是能將賠錢的生意轉為獲利，也可以獲得大筆的金錢回報。頂尖的醫生、律師、軟體設計師，以及產品設計師，事實上可以自定身價，因為他們的工作成果價值高於薪水。

企業為顧客提供交易，是讓他們看到價值所在，例如，沃爾瑪百貨（Wal-Mart）的顧客是因為沃爾瑪百貨的價錢實在低，讓顧客相信這是很棒的交易。而諾得斯壯百貨（Nordstrom）的顧客則是因為諾得斯壯提供的產品與服務品質都很高。前者所創造的價值是低價提供者，後者則是提供高品質的價值。

因為長時間工作與花錢習性，多數人始終待在時間與金錢的陷阱裡。脫離陷阱的辦法，就是增加你的時間在市場上的價值，並且存錢。

自由工作者的時代

一九七二年，一位父親告訴他最近大學畢業的兒子：「永遠不要跟公司結婚，因為沒有公司會嫁給你。」當時，這的確是不錯的忠告，到今天仍然是金玉良言。曾有一段時間，大公司裡的忠實員工，可以一直做到六十五歲退休，還有豐厚的退休俸。但在今天的經濟環境，即使是賺錢的企業，在美國每年解雇的員工人數也有六十萬至八十萬名，對多數員工而言，「工作保障」是很矛盾的話。

儘管有這種懷念過去美好時光的情懷，但做事業的新態度是要有更多的自由、更多的致富機會，以及建立美好生活的可能性。對於現在的工作環境，我們應有不同的期待與新觀點，因為工作的規則出現三大改變。

首先，變化多端而且不可預測，我們要將變化視為常規，並且學習從變化中制勝。科技加速進展使得成功變得相當短暫，新工作不斷出現又消失，今天創新的產品很快又被淘汰。網際網路讓人們得以光速搜尋最佳交易條件，今天忠實的顧客，明日又成為別人的顧客。你今天的工作也許明日就消失了。你的一生可能會有許多工作與事業，這就是未來。學習如何適應變化並抓住變化，這可能違反你的直覺，但卻是很重要的。更多的細節請看「選擇6」。

其次，因為工作與事業的環境變化太快，事先又無預警，不管你要如何維持生計，都得把自己視為一家公司。你是公司的執行長，負責生產、行銷、研發，與財務部門。你有責任把產品與服務毫無瑕疵地銷售出去。你得知道如何銷售自己，建立能見度與產品定位，你所銷售的是獨一無二的東西。你得投資學習新技巧，舊的技術也要不斷磨練，以增加你的未來價值。最後，「你的公司」得為你所提供的價值賺取有意義的利潤。

第三，今天用腦筋才能賺大錢，用勞力賺不了什麼錢。在工業時代，工人製造東西，在資訊時代，機器製造東西。今天，八〇%的美國勞力從事資訊與服務工作，因為電腦與機器人可以將日常工作做得更好、更快、更便宜。為了降低成本，例行工作改由開發程度較低的國家來做，那裡的工資低廉許多。日常管理、事務性與裝配線的工作，前景堪憂。有創意的問題解決者、創新者，與知識工作者，則是前途大好。

建立價值的關鍵

一般而言，賺錢多少取決於：

- 你做什麼。
- 做得有多好。

• 取代性的高低。

理想上，最好是你所做的事情，市場具有極大需求，你又做得非常好，而且獨特到難以被取代。在真實世界裡，要達成這樣的目標，機率等於在十八洞的高爾夫球場，打出一桿進洞。儘管目標很難達到，但你得盡力去做，謹記在心後，以下是增加你市場價值的一些建議：

1. **注重自己的就業競爭力，而非工作保障**。不管你喜不喜歡，公司與員工之間有關雇用的不成文約定已被打破。對於現在的雇主，要盡全力把工作做好，但是不要讓自己全然依賴那家企業。縱使公司或組織保證終身雇用你，情況也許會惡化到你非離開不可。要在今天的經濟環境裡生存，得擁有一套能在市場上銷售的才華與技能，不必仰賴任何雇主或顧客。擁有這些技能並加以改良更新，全都是你的責任。

除非是自己當老闆，否則總有一天你會想離開或必須離開現在的工作。先做好準備，隨時可以走人。

2. **賺錢根植於學習**。知識是使你的搖錢樹茁壯的肥料，如果你需要更多的正式教育以發展職業技能，拚老命也要去做。另一個獲得技能的辦法是，你的公司願意訓練或是資助你完成學業。聰明的公司了解，訓練並提升員工技能是一項投資，可以吸引優秀人才，並提升生產力。

一天花一小時學習有助於達成終身目標的技能，古往今來的世界從未像現在，知識就在你的指尖。你可以在網路上悠遊，立即找尋到各種資訊，比擁有國會圖書館還要棒。隨身攜帶書本，搭車上班或是等人時隨時可以閱讀。開車、淋浴，或運動時聽音頻以跟上潮流。如果想省錢，就從當地圖書館借書來看，沒有人會因為太窮而無法學習，富蘭克林說：「投資於知識，獲利最佳。」今天看來，尤其真切。在快速的變革下，學習者掌握世界。

向能者請教

以下是一個簡單又合乎常理的辦法，可以縮短你的學習曲線。如果你想成為業界中的佼佼者，與業界翹楚談一談。問他如何找尋最佳資訊來源，成為大師的最重要技能是什麼？問他以下問題：

- 關於成功，你所學到的最寶貴一課是什麼？
- 當你還在學習時，什麼對你幫助最大？
- 要避免的最大錯誤是什麼？要克服的最大障礙是什麼？
- 你建議我與誰談一談？

- 我該看哪些書籍或期刊？
- 我該上哪些課程？
- 我該加入哪些專業協會？
- 如何始終保持領先？
- 對於想要從事這一行的人，如果只能給一句忠言，你會說什麼？

有人說，想變成有錢人，就應該請有錢人吃飯。各行各業的成功人士通常都不難接觸到，也樂於分享他們所知。他們所要求的不多，只是你的一份真誠，並且不會太占用他們的時間。但提醒你，除了你要直接競爭的對象外，問問題時，用一般的禮貌態度就可以了。

學習可以讓你從別人的經驗中獲益，而不致遭受痛苦。可以從別人的錯誤或好運中學習，就應該去做。個人經驗是一位好老師，但只從個人經驗中學習，則是傻子。因此，當你想精通某件事時，要向該領域的頂尖人士求教。他們可以引導你正確的資源，免除你犯錯而受的痛苦，也許你還會因此而有一大堆新想法，這些幾乎都不花任何成本。

3. **創造第二份收入**。如果你夢想自己有一天當老闆，就要開始做另一份工作，學習應有的技能。我就是如此做，這成為我的救贖。創造另一份收入，讓你更能控制收入，並減輕因裁員、縮編、辦公室政治，與官僚作風所受到的傷害。一開始要投入較長的時間，但如果你有可以善用自己才能的行銷點子，長期下來便能夠縮短你晉身贏家之列的時間。

4. **多給一點**。兩百年前，在路易斯安那州南方的克里奧爾（Creole）人商家，經常會多給客人一些東西，如果客人買了幾樣東西，店家會再多丟一點東西進去，像是一片燻豬肉或是一磅咖啡，完全免費。或者顧客買五磅的糖，店家會小心地秤好五磅的糖，然後面帶微笑再加進一勺糖，說：「這是多送的。」他的說法是：「因為我感激您的惠顧，給您比等值的份量再多一點。」這是培養顧客忠誠度的絕佳方法。

多給一點，同樣是增加你市場價值的絕佳辦法。顧客、老闆，與公司永遠在找這樣的人，他們做的比說的多，或者讓公司覺得付出的薪水很值得。

多做一點事，養成讓顧客、同事，與老闆驚喜的好習慣。由於多數人只做分內的事，多做一點，可以讓你與眾不同，你的名聲很快就會散播開來，顧客需要你的服務，然後你可要求提高你的時間費用。如同拿破崙・希爾（Napoleon Hill）在八十年前所說：「養成提供服務多一點好一點的習慣，天呀！你會發現，世界回報給你的，遠超過你所付出的。」

5. **建立個人品牌**。身為「你的公司」的執行長，你不只要把工作做好，還要創造能見度。除非知道你這個人的存在，知道你會提供何種利益，你有何特別之處，否則這個世界不會在你門前築出一條路。因此，要建立起個人品牌。

先用最簡短的話來形容你工作的價值，例如，我幫助他人更聰明地工作，我透過各種形式，如書籍、文章、視聽節目、演講、研討會，或是顧問諮詢，提供協助，我的工作本質就是協助他人更聰明地工作。這市場很大，生意很好。

接下來，把自己定位成獨一無二的，透過雇用你的人，來檢視你的工作成果。他們雇用你時，最看重的是什麼？他們希望你解決什麼問題？什麼地方你做得比別人好？把答案寫下來，用最簡短而原始的字句，告訴人們為什麼他們需要你。這是你獨特的銷售提案，也就是你的賣點，目的在於將你與其他從事類似工作的人區隔出來。

最後，讓你的名字與相關訊息出現在人事主管面前，建立自己的品牌。自願擔任午餐會的演講人，參加主題討論會，或是舉辦免費的研討會。發表文章，讓你要幫助的人可以讀到。找尋受訪機會，在廣播或電視節目上討論你的工作。著書以展現你專業領域的長才，自願為報紙或雜誌撰寫定期專欄，設立網頁讓相關人士得以隨時獲知最新訊息，這些都是建立能見度與自己品牌的絕佳途徑。

6. **發展橫向的忠誠**。儘管大家都說工作場所的忠誠已告死亡，但它依然健在，只是以不同的方式呈現。忠誠不再以垂直的方式在公司與員工間流動，而是變成水平式的流動。今天所重視的忠誠，是對專案、夥伴、工作、顧客，與社區的忠誠。這種夥伴關係所能產生的效果，遠超出個人能力所及。要加強你的「軟性」技巧，做個溝通者與團隊工作者。一旦你以得力助手、傑出的夥伴，以及優秀的工作者著稱，人人都想爭取你。

7. **做個務實的想像家**。所有的大財富都源於偉大的構想。多數人用頭腦去記憶、注意、觀察，與遵從指令，但是，最有潛力讓你獲利的運用方式，則是想出偉大的新構想。我們都有創新的能力，而且愈用愈好。在一個快速變遷的世界，創造出新的產品或服務，可以讓你領先同業。不要競爭，要創新，留意其他行業中是否有可運用的構想，試著以不同的觀點看事情，對現況質疑，挑戰一般看法。能夠想出獲利構想的人，永遠有市場需求，並且薪資豐厚。

8. **善用回饋作為改善之基礎**。在我的著作《如何永遠贏得顧客》（*How to Win Customers and Keep Them for Life*）一書中，我建議公司要養成問顧客一些重大問題的習慣。我們做得怎麼樣？如何做得更好？這兩個問題的答案，可以讓你知道，在顧客眼中你們公司的價值有多少，如何改善顧客對公司的觀感。這是非常重要的資訊，因為顧客感受到的品質，是長期獲利的關鍵。如果這資訊對公司重要，對「你的公司」同樣重要。了解你在老闆、同事，以及顧客心目中的評價為何，問問他們：「我做得如何？」「如何做得更好？」詢問如何改善，有何建議。你所認識、尊敬，並信任的人，他們的意見可以指點你個人與專業成長之路。

9. **了解自己的價值，不要害怕離職**。今天的經濟體系，經常流動的人所得到的報酬勝於忠誠的員工。盡力把工作做好，當能夠接受更大挑戰時，機會就在你左右。跟同行的人建立聯繫網絡，讓所有人知道你待價而沽，願意為欣賞你的人工作。做好目前的工作，讓老闆盡全力留住你。

最後記住，騎馬找馬比較容易，如果有人願意挖角，不要害怕爭取最好的薪資及福利，包括離職金。很可能以後沒有這樣的好機會。

總而言之，金錢流向價值所在。提供人們想要的產品或服務、做到最好、做到難以被取代、讓老闆覺得物超所值，這些都是增加你時間價值的關鍵。七二法則同樣適用於此處，如果每年的收入增加一〇%，七．二年之後就可以加倍。

選擇5

少做一些，做得更好

贏家專注，輸家事事嘗試。

——西德尼・哈里斯（Sidney Harris），知名記者

一位時間管理專家對著一群年輕進取的商學院學生講課，為了直接陳述重點，他的說明方式讓大家永生難忘。

專家站在學生面前說：「好，小考時間到了。」他拿出一個一加侖容量的廣口瓶，放在桌子上，然後拿出十幾個拳頭大小的石塊，一個個放進瓶子裡。

當石塊放滿整個瓶子，再也放不進去時，專家問：「瓶子裝滿了嗎？」班上同學都說：「是的。」

專家再問：「真的嗎？」接著從桌子底下拿出一桶碎石，將一些碎石倒入瓶中，把瓶子搖一搖，讓碎石填入石塊間的縫隙。

然後專家再問同學：「瓶子滿了嗎？」

這一次，有位同學說：「也許沒有。」

「很好。」專家再從桌子底下拿出一桶沙子，把沙子倒進瓶中，充塞石塊與碎石所留下的空間。然後再問：「瓶子滿了嗎？」

全班大聲回應：「沒有。」

「很好！」這次專家拿出一壺水，注入瓶中，直到水滿至瓶口。

專家看著全班學生問：「這個展示的重點是什麼？」

一位勇敢的學生舉手說：「不論你的時程排得有多滿，只要盡全力安排，還是可以排進更多事情。」

專家回答：「錯！重點是，如果你不先把石塊放進去，就永遠也放不進去了。」

什麼是你生命中的「大石塊」？你想完成的專案？與愛人在一起的時光？你的信仰？你的教育？還是你的財務？記得先將這些大石塊放進去，否則就永遠沒機會了。

今晚或明早當你回味這則小故事時，問問自己：我生命中或事業中的「大石塊」是什麼？把它們先放進瓶子裡。

生命中的大石塊

時間管理是生活有效率的重要技巧，正如管理大師彼得・杜拉克（Peter Drucker）所說的：「時間是最基本的，除非做好時間管理，否則什麼也管理不了。」

有許多書籍、影音，或研討會談論這個主題，善用時間其實包含三個簡單步驟：

1. **決定什麼是最重要的。**
2. **設定好目標與優先順序，去做最重要的事。**
3. **把最重要的事，用最有效率的方式做好。**

不管你是學生、員工、小企業的老闆，或是財星五百大公司的執行長，不管你談的是一小時、一天、一星期、一年，或是一生，也不管你要做的事情太多而時間卻太少，只要習慣性地實施這三個步驟，就能充分利用時間。

選擇1，你學會如何設定人生目標：也就是生命中的大石塊，這是第一步。你也學會如何設定中期目標，撰寫專案計畫以協助達成人生目標，這是第二步。第三步是學習達成目標的技巧，有效率而且不覺得麻煩、太匆忙，或是太勉強。在談「如何」之前，讓我們先回答一個重要問題「為什麼」。

簡單說，就是我們想做的事太多，以致把自己的力量分散掉了。許多重大的變革交會在一起，讓我們覺得時間是稀有的資源。

首先，是女人在社會上的角色改變。過去，男人與女人的角色分工非常清楚：爸爸賺錢，媽媽管家。今天，女人要賺錢、管家，還要接送小孩踢足球、燒飯做菜、擔任社區志工，以及其他許多角色。這些角色都與時間和精力在競賽，正如同一個深感時間不夠用的企業女主管，開玩笑地對著她的先生說：「我們應該雇用一位妻子。」

另一項變革則是公司組織再造，公司人力縮編，但工作負擔卻沒有減少，留下來的人力得花更長的時間把工作做完。

時間管理的真相

第三項變革則是工作與生活的界線愈來愈模糊。這主要拜科技之賜，工作與非工作時間的界線愈來愈模糊，愈來愈多人在家工作。手機、數位設備、語音信箱、筆記型電腦，讓我們始終和需要聯絡的人保持聯繫，一個永不歇息的工作環境已經來臨。

最後，自由工作者的經濟體系正在興起，工作不能保障你的未來收入，形成一種「還能賺錢的時候，就要趕快賺錢」的心態。當然，你希望看著女兒在學校玩耍，或是參加兒子的球賽，但是你已經拿了豐厚的待遇，得在未來兩週出差去處理專案。條件太好了，你無法拒絕，這個專案也許會帶來更多的工作機會，像這樣的好機會，下次說不定要等上許久。

但是千古真理依然存在：沒有你的許可，這些變革與環境便無法侵入你的生活。所有不得不扮演的角色，都是你所選擇的。所有必須完成的事，是你答應要完成的。所有讓你隨時待命的高科技小玩意，也是你自己添購的。所有長時間的工作，是你願意的。儘管經濟、社會，與科技上有所變革，我們依然是一個自由國家。因此，要如何運用時間，由你自己決定。

時間全然不受管理也無法被控制，不管我們做什麼，時間還是以相同的步伐，一年三百六十五天、一星期七天、一天二十四小時，緩慢地走著。所謂時間管理，事實上應該是自我管理。

時間的弔詭之處在於，每個人都覺得不夠，但大家擁有的一樣多。人生在許多地方有不公平之處，但每個人一天所擁有的時間，無庸置疑是公平的，每個人每天都有二十四小時。

自我管理也有其弔詭之處：想要完成更多事情，就是要少做一點，但做得更好。你想為所有人做所有事情，很可能到最後沒有半個人滿意。你愈想做更多的事，就愈不可能都做好。不要像散彈槍般分散，要集中力量，做個有影響力的人。記住80／20法則，把時間投注於少數幾件報酬率高的事情上。

避免兩個陷阱

假設你下定決心要積極運用時間，你已決定什麼是最重要的，並且著手進行工作以完成人生目標。在日常活動的紛擾下，你得注意兩個潛在陷阱，以免付出很大的代價。

陷阱1：將活動與生產力混為一談。工作忙碌跟做出成果有很大的差異。當人們不知道該做什麼時，傾向於表現得非常忙碌，法國的外籍兵團有一句俗語：「有所疑慮時，就快馬奔馳。」

我在大學教書的時候，那些直到晚上還待在辦公室或是忙著開會的人，通常被認為是有生產力的人，這點常讓我感到不解。有一學期，我與一位同事共用一間辦公室，他早上九點進辦公室，直到晚上九點才離開，許多人只是因為經常看到他，就認為他是個認真的學者。事實上，他大部分的時間都在看《華爾街日報》的股票版，想找出最熱門的股票，如同勞倫斯・彼得（Laurence Peter）所說的：「一盎斯的形象價值遠超過一磅的績效表現。」

要專注於獲致成果，為重視成果的人工作。如果老闆因為你長時間工作或是很忙碌而獎賞你，那就找錯老闆了。

陷阱2：把緊急與重要混為一談。每天我們都有該做的事情，還有一些發生的事情。有些是緊急的，有些是重要的，有些是又緊急又重要，有些是不緊急也不重要。要記住：緊急的事情很少是重要的，而重要的事情很少是緊急的。如果把兩者搞混，所有的事情都顯得重要，而真正重要的事情卻被忽略了。

趕著準時赴午餐約會是緊急的，安全抵達是重要的。在緊迫的截止日前完成工作是緊急的，掌握工作品質是重要的。長時間工作讓事業起飛是緊急的，找時間運動、吃得好、有充分的休息是重要的。把東西賣出去是緊急的，提供優良服務提高回客率是重要的。一心想擁有新款熱門跑車，或是度一個昂貴的假期是緊急的，存錢投資以進入贏家之列是重要的。

少一點、好一點的秘訣

回應緊急的事情，一定會讓你財富減少、壓力增加，這也是多數人陷於時間與金錢陷阱中的原因。我們被動地讓自己受制於緊急的事情，讓它來決定我們要如何使用時間與金錢，卻忽略了較不緊急而更重要的事情。

重要的事情如果不予以理會，遲早會變成緊急的事情，這時就成為危機。健康危機、金錢危機、家庭危機、事業危機，只要事前做點規畫，經過深思熟慮以及事先預防，多數危機是可以避免的。問題在升高為危機以前，通常是有警示的。要將時間花在真正重要的事情上，不要讓自己被緊急卻不重要的事情所分心。如同艾森豪總統所提的警告：「重要的事情通常不緊急，緊急的事情通常不重要。」

進入贏家之列的人，不是比別人工作辛苦，而是更聰明地工作。成功並不取決於做了多少事情，而在於工作智慧的高低。有效運用時間，並不是不停地工作，而是一種管理人生的方法，過得既充實又有個人的自由。

在改善時間利用之前，得先知道目前如何利用時間。一開始，先做一兩個禮拜的時間記錄，不需要做得很精細，只要記下每項活動的起訖時間，包括寫下打電話的起訖時間，收發電子郵件、午餐，或是有不速之客拜訪，以及通勤時間等，都記錄下來。

一週結束後，將各項活動所花的時間彙總起來，看看打電話、開車、會見訪客、通勤、開會、回電子郵件等事情，花了你多少時間？你很快就會發現，大多數的時間利用有習慣性。我們都傾向於每天花一定的時間重複做些特定的事情，有些人善用時間，有些人則浪費時間。大多數人都自認為了解時間是如何花費掉的，但直到做了記錄之後，才真正了解。

時間記錄完成後，檢視一下你所記錄的資料，並回答以下問題：

- 最浪費時間的三件事情？
- 有多少時間被不必要的打擾所浪費？如何減少浪費？
- 我所做的緊急而不重要的事情是什麼？如何減少或消除？

- 我最有生產力和最沒有生產力的日子是哪些？是一天當中的哪些時段？
- 哪些人我該花較多時間？哪些人我該少花點時間？
- 哪些事情我該花更多時間？
- 哪些事情可以減少或刪除？
- 我想做的事情是否太多了？
- 何種習慣或傾向導致我浪費時間？
- 在完成最重要的目標上，我花費了多少時間？

有了時間使用記錄，回答上述的問題，以及你最重要的目標，要如何善用時間已有一條清晰的道路。以下策略將幫助你達成目標：

1. **每天有一段安靜時間，反省深思並規畫未來**。小說家雨果寫道：「每天早上規畫一天各項事務並貫徹實行的人，有如手握繩線，被指引穿過迷宮，度過繁忙的一天。」花在規畫上一個小時，其價值等同執行上三個小時。將每天第一部分的時間用來檢視你的目標，該做什麼，該完成什麼。這一段安靜的時間也許是短短的幾分鐘，但你得專注於最重要的事情上，如同薛瓦伯所做的，列出每日應做的事項，這是一個簡單卻非常有效的工具。

2. **騰出一大段時間，做最重要的事情**。等哪天有空才做重要的事情，根本就是自欺欺人。一星期有七天，每天都沒空，找出時間的唯一辦法是消除其他活動。如果你是作家，需要規畫出寫作的時間，如果是銷售員，每天有大半時間得與顧客周旋，如果是醫生，大部分時間得用在病人身上。要確定你大部分的時間是花在報酬率最高的活動上。

3. **充分運用黃金時間**。在你狀況最佳的時候，去做特定的事情。從應做事項中，找出最重要的事情，並且在個人狀況最佳的時段去做，也就是把自己的最佳狀況獻給最重要的事情。如果工作需要獨處與專心，而你早上頭腦最清晰，就把工作排在早上。如果工作需與人互動，就安排在你最想與人交際的時段。把較不重要與例行性的工作，安排在精力較不旺盛的非黃金時段。

4. **對不重要的事情說不**。有人說，所謂壓力就是心裡想說不，嘴巴上卻說「非常樂意」。要客氣地拒絕一些事情，因為那些雜務讓你無法做重要的事情。你無需取悅每一個人，你有權利說：「我沒辦法幫你，因為我有許多工作要做。」你可以說，很樂意下次幫忙，或是建議他找其他人幫忙。

5. **行事曆要寬鬆一些，要有備案計畫**。一整天都按規畫進行，幾乎是不可能的，每件事情都比預期的花更長時間。行事曆若太緊，會讓人有受挫感與急迫感。不要把事情排到占據自己一半以上的時間，要容許有意外之事。要有備案計畫，以因應事情延誤或是約會被取消。隨身帶著需要研究的資料或手提電腦，突然多出空檔時間時，就可以處理其他事務。

6. **專心處理重要事務**。有人認為，好的時間管理者可以同時做好幾件事情。所以我們看到有人邊開車邊化妝，還用手機講話。如果你認為安全開車是件生死攸關的大事，這種行為就太粗心了。任何重要的事情，都應該全心投入。

同時做一些不用費神的日常瑣事是無所謂的，你可以一邊聽音頻，一邊遛狗，一邊看電視，一邊查看電子信箱，瀏覽網頁，或是運動。但是做重要的事情就必須專心，一心一意只做這件事，並且完成它。

7. **盡可能將重複性的瑣碎工作自動化執行**。例如，每月帳單自動由支票帳戶扣款，薪水自動存入支票帳戶，每月自動購買指數型基金。任何可以自動處理的事情，就無需親自去做。

8. **除了你最擅長的事，其餘盡量授權**。你所賴以維生的事，有其核心能力，是你的知識、天分，與能力的獨特組合，創造你在市場上的價值。要找出這些核心能力，花時間培養、改進，並執行，然後把其他事情授權出去。企圖做每一件事情，只是意味著你做高價值活動的時間減少了。付錢給其他人去做價值性低的活動，全神貫注去做你最擅長的事情。

我搬離公寓，買下第一棟房子時，有人說：「現在你得割草了。」當時是一九七五年，而我到現在都還沒買割草機。我跟許多人的做法一樣，雇用專門照顧草皮的人，而我專心做自己擅長的事，這就是授權。

同樣地，不要為了省幾塊錢，而自己開車進城。你的時間價值有多少？我深信存錢是重要的，但我也相信，要花些錢以獲取一些時間，讓你做更重要的事情。

9. **快刀斬亂麻**。所有的混亂皆源於延遲做決定，混亂的桌面、塞太滿的抽屜、擠爆的衣櫥、車庫中堆滿廢棄物。強迫自己快速下決定，就不會累積混亂。

一個人要是桌面混亂，平均一天要花一個半小時找尋所需的東西，或是被搞得心神不寧。每一文件只處理一次，一拿到文件，就決定是要丟掉、歸檔，或是採取相關行動。

檢視你的衣櫥、桌面、抽屜、檔案櫃、閣樓、地下室，或是任何混亂的地方。將東西逐一檢視，問自己：「如果丟掉，最糟的情況是什麼？」如果沒什麼，就丟掉。把有用的東西，如衣服、舊電腦，與家具捐給地方慈善機構，還可以減稅。任何過去兩年沒有用過的東西，以後也不會用到，丟了吧。想想看：如果每天花十分鐘在找東西，一年就浪費六十多個小時。**混亂是時間的殺手，少就是多**。

10. **採取行動，阻絕干擾**。除非你採取行動杜絕干擾，否則你用來處理重要事情的時段，將被嚴重地稀釋掉。若你在辦公室裡工作，每天將門關上一段時間，讓自己的工作不被打攪。隨時待命固然重要，有效率更重要。讓大家知道，一天當中有哪些時段可以到辦公室找你，鼓勵他們在那些時候與你見面。可以讓語音信箱或是秘書幫你留言，找出時間回電。盡量避免開會，多數的會議只是企圖逃避工作或是逃避做決定。

如果你發現經常被危機所打擾，就需要採取預防行動，至少有八〇%的危機是可以預防的。當危機發生時，記得記錄事情經過，為何發生，如何解決，以及如何防止再發生。你將能防範許多未來的危機，也能迅速處理無法避免的事情。

11. **善用電子通訊工具，不要成為工具的奴隸**。科技是一把雙面刃，好的一面是，你可以隨時隨地工作，讓你的生產力大幅提升。壞的一面是，它不受管束，讓工作侵入你的生活。餐廳或戲院經常要求人們把手機或呼叫器關掉。有些人在健身俱樂部淋浴時，還帶著罩著塑膠套的手機。打高爾夫球時在球道上接電話，查看投資。科技讓人們能隨時隨地工作，但往往變成讓大家無時無刻不工作。

不能逃離工作對工作與生活都不好，你需要時間充電，獲得新的視野。科技領導大廠微軟公司，鼓勵員工在「思索日」（Think Days）讀書，做一些與工作無關的事情，以獲得新觀點，避免燃燒殆盡。

將重要的活動設下邊界，阻絕科技進入。要有連線時間，也要有不連線時間。把工作與非工作時間分清楚，當你不想被打攪時，把所有科技小玩意兒都關掉。我曾看過一幅標語：「一聽到召喚，狗就來了。貓則是留下訊息，待會兒再回電給你。」要當一隻貓。

12. **經常問自己：「現在應該如何運用時間與精力，才是最好的方式？」**每天回答這問題數次，可以讓你專注於重要與應該做的事情上。答案也許是打個盹，休個假，或是啥事也不做。

也許是處理進度落後的重要專案，也許是花更多時間與家人朋友在一起，只要問問自己，通常就有答案了。

13. **別把時間視為理所當然的資源**。時間是你最寶貴的資源，世界上所有的錢也買不回一剎那。以下這段文章，把時間詮釋得極好，也許你可以將這篇文章影印下來，放在桌上或貼在牆上，時時提醒自己。

時間的價值

這是一篇作者佚名的文章：

想像有這麼一家銀行，每天早上在你的帳戶裡存入八萬六千四百元。每天都沒有留下餘額，無法讓你保留現金。每天晚上，你沒有花掉的部分，都一筆勾銷。你會怎麼做？當然是把每一分錢都提領到手。

嗯，每個人都有這麼一家銀行，它的名字是時間。每天早上，它給你八萬六千四百秒。每天晚上，即使你沒有利用，也一筆勾銷。沒有餘額可以帶走，也無法透支，如果你沒有好好利用存款，那是你的損失。無法回到過去，無法留到明天提領，你必須活在當下，善用今天的存款。

要了解一年的價值，
問問期末考沒考好的學生。
要了解一個月的價值，
問問早產的媽媽。
要了解一週的價值，
問問週刊的編輯。
要了解一小時的價值，
問問等待見面的情人。
要了解一分鐘的價值，
問問錯過火車、巴士，或是飛機的人。
要了解一秒鐘的價值，
問問在意外中生還的人。
要了解一毫秒的價值，
問問獲得奧運銀牌的選手。

昨天是歷史，
明天是個謎，
今天是個禮物，
因此，今天才叫present。
珍惜你所擁有的每一刻，如果你能跟一個特別的人在一起分享，那就更要珍惜。記住，時間不會等待任何人。
昨天是一張作廢的支票，
明天是期票，
今天是手上的現金，要好好地花。

選擇6

善用意外的事

人生最大的回報是韌性與彈性，金融上的聰明，在這場競賽中，根本不重要。

——史考特．伯恩斯，《達拉斯早報》金融專欄作家

人生充滿驚喜與意外，沒有人喜歡被解雇、被縮編、失掉重要客戶、產品失敗，或是被迫退出商場。但是，每天都有新鮮事，意料之外的變化是人生的一部分，即使是最正面的改變，也會有所損失，因此我們會本能地抗拒改變。但是，我們該抗拒改變嗎？

有一次，一家大型國際公共會議公司的共同創辦人跟我在電話上聊天。我問他為什麼創辦這家公司。他回答說：「這個嘛，我本來在一家會議公司工作，遭到解雇。接著去另一家會議公司，又被解雇。我想，我不是為別人工作的人，因此與夥伴創立了自己的公司。」幾年之後，這家公司賣了數百萬美元，他成為非常有錢的年輕人。

許多白手起家的有錢人以前也受雇於人，後來才成為企業家。把成功的企業老闆聚集在一處，回顧他們的往事，一定會聽到有些人說，被解雇是他們人生中最美好的一件事情。解雇讓他們受到傷害，憤恨難平，但也因此激勵他們努力工作追求成功，不再讓他人掌握自己的未來。

堅持與正面態度

不幸的是，這些人畢竟是例外。大多數人失去工作之後，所做的第一件事情就是申報為失業。然後再找另一份差事，以同樣的舊方法做類似的工作，掉入舊日的陷阱中。他們不去想樊籠以外的世界，命運給他們一張「自由出獄」的卡片，但他們卻把它丟了。

贏家是精通意外藝術的行家，當意外之事發生，不論多麼令人不快，他們都能找出方法利用。他們知道，每一個挫敗都包含新的成功種子，只要他們毅力夠強，就能發現成功。他們不會充滿受害者情緒，讓挫敗打亂計畫，他們的態度是「等我贏了，事情才算結束」。因為這種堅持與正面態度，他們的確贏了。

你可知道：

- 可口可樂曾是無效的頭痛藥。
- 淘兒房（Toll House）餅乾是一位懶人發明的，因為他不想磨碎巧克力，所以用厚片巧克力取代。
- 第一條李維（Levi's）牛仔褲是用製作帳篷剩餘的布料縫製而成的。
- 立可貼源於新膠水的失敗實驗。
- 第一顆救生圈糖果（Life Saver）是因為薄荷壓碎機故障，因此壓成環型薄荷糖。
- 十七家紐約大出版社，曾經錯過由短篇故事集結而成的《心靈雞湯》（*Chicken Soup for the Soul*）。

要是這些創新者在挫敗發生時便放棄，這些財富就不會實現。好在，總是有人可以把負面的事情變成正面的突破。

天生的智慧、才能，與教育可以增加你進入贏家之列的勝算，但是達成重大長期目標的重要因素，在於積極而持久的態度。每一個進入贏家之列的人，旅程上都是充滿障礙，無一例外。障礙就如同死亡、稅，與老花眼，你無法幸免。一路上，會有許多機會、令人分心的事物，與誘惑，讓你放棄目標。

我們都有山要越過，有些山較高大，以事情的重大程度來看，山的大小並不重要，重要的是你對山的看法，以及如何回應。負面思考的人會想：「我手上的牌不對，大家都反對我，我做不到。」結果，他們丟掉手中的牌，放棄目標，注定失敗。就像打籃球一樣，沒有投籃，當然就沒有機會得分。

但是贏家卻以完全不同的眼光看待障礙，碰到山時，他們馬上開始擬定計畫，好好利用這個機會，他們的思考方式類似於：「我走得過去嗎？是繞過去？還是從底下過去？需要開個隧道嗎？可以發揮槓桿效益，找個捷徑，進入贏家之列嗎？有什麼機會嗎？可以找誰幫忙？可以從中學到什麼，讓我早點進入贏家之列？任何事情都會有好的一面，我要找出來。」

贏家知道，成功的根基在於堅忍不拔，而堅持之道就是信念。你相信你會達成目標，就會繼續嘗試。只要夠努力，堅持夠久，你一定可以完成。那些堅忍不拔一心追尋夢想的人，最後將成為人生的大贏家。

堪薩斯大學的研究證實，成功大都取決於相信自己有能力設定目標，可以找出方法與動機完成目標。史奈德（C. R. Snyder）教授將之定義成希望。這與那種「我希望中樂透」一廂情願式的希望不同，也不是盲目的樂觀。成功往往取決於你對達成自己所設目標的能力有否足夠的信心。

史奈德設計出一種量尺，可以測量每個人的希望尺度。史奈德認為，希望量尺（Hope Scale）比學業才能測驗（SAT）與美國大學測驗（ACT）更能準確測出大學生的成功度。

希望量尺得分高的運動員比得分低的對手表現更好。希望量尺得分高的人較得分低的人能忍受痛苦，生病後的康復能力較快。

擁抱變革，樂在其中

史奈德的研究似乎證實了許多勵志作家多年來所宣導的：人生大體上是自我實現的預言。我們所獲致的成果反映出我們自己的期待。如果期待不高、目標低、沒有認真嘗試，所得成果就有限。如果期待高、目標高、辛勤工作，得到的就多。若是認為自己是受害者，世界與你唱反調，就是自毀成功的機會。如果相信自己做得到，上帝與人性和你同在，就會完成目標。最重要的是，贏家視自己為贏家。我們了解愈多，愈能發現這種老掉牙的說法，竟然就是成功的終極關鍵。

你所學習到的最寶貴教訓是，人生充滿第二次的機會。但是第二次機會往往出人意料，而且不受歡迎。回顧過往人生，你應該可以回憶起若干次經驗，原以為是最糟糕的改變，結果卻變成最好的。

在這個變革加速進行的世界裡，單是容忍變革、學習管理變革是不夠的。你應該要期待變革、擁抱變革，有時啟動變革，並學習樂在其中。所有的改變一開始都令人不安，必須冒風險，但是事情改變愈多，機會與經驗也愈多。抱怨處於動盪時期的人，沒有體會到動盪讓我們有機會學習、成長，與致富。練習以下的技巧，可以讓你乘著改變的浪潮，進入贏家之列：

1. **時時緊盯著獎賞**。如果你的長期目標是進入贏家之列，不要令意料外的事讓你放棄目標。到達財務自由的路有許多，你只需找出其中一條。看看史提夫的例子。

史提夫是電子工程師，自大學畢業就在IBM工作，他的夢想是在公司內步步高升。有一天，他讀到一篇發人深省的文章，提到一般公司在選擇高級主管時，在身高上的歧視。史提夫身高五呎七吋，根據那項研究，身高在五呎七吋以下的男人有三〇%，但其中只有三〇%擔任公司高級主管。因為不喜歡這樣的機率，史提夫要求降轉，從工程師變成技術員，薪水按小時計，而不是年薪。這麼做之後，再加上加班工作，他的薪資快速增加。他用三分之一的薪水生活、三分之一存起來投資、三分之一付稅。當投資金額成長到年薪的十倍時，史提夫以四十之齡自IBM退休，從紐約搬到陽光之州的亞利桑那州，他在那兒做一份自己喜歡的兼職工作。

2. **不要害怕成功**。有一天晚上，我太太問我，是否願意跟她的朋友瑪麗在電話裡談一談。有人提供瑪麗很不錯的工作機會，完全適合她的背景、經驗，與才能，薪水與津貼都很好，但是瑪麗害怕離開現有的工作，希望聽聽我的建議。在她告訴我新工作所提供的條件之前，我在電話中問她：「瑪麗，我問妳一個問題，如果妳不害怕，妳會接受這份工作嗎？」

她哭著回答：「是的，我應該會。」

我說：「那就接受這份工作。害怕並沒有錯，如果我是妳，我也會害怕。但是妳不能讓害怕掌控妳的生活。」她接受了那份工作，而且發現更喜歡新的工作。

如果你獲得一個不錯的機會，但改變很大，不要讓害怕成為決定者，問問自己：「最壞的情況是什麼，我可以接受嗎？」以及「如果我不害怕，我會抓住這機會嗎？」如果兩者的答案都是肯定的，就去做吧。如同劇作家尼爾・賽門（Neil Simon）所說：「若無人冒險，米開朗基羅只能做個彩繪西斯汀教堂地板的人。」

3. **把失望化為刺激更大成就的動力**。意外的挫敗令人受傷，不必否認這種情緒，給自己一點悲傷的時間，然後再回去工作。

一九八三年，我向學校申請七年一次的研究公休假。在申請表上，我寫著希望研究的題目是組織中表現與獎賞之間的關係，並撰寫有關的文章。我對這題目很有興趣，因為在我任教的學校，這兩者間一點關係都沒有。行政人員退回我的申請，說我的計畫「缺乏品質」。這官僚的評論激起我的憤慨：「哼！缺乏品質？我要你們瞧瞧，寫出這個主題的最佳書籍。」《二十一世紀管理新觀念》（*The Greatest Management Principle in the World*）於一九八五年出版，被譯成十幾種語言，改編成視訊訓練教材，並帶來許多演講的邀約。這本書在《成功》（*Success*）雜誌上有專文報導，美國廣播公司（ABC）的《早安美國》（*Good Morning*

America）也來訪問我。這本書所賺到的錢，讓我可以休兩年無薪假，比我原來所申請的假期長了四倍。在這段期間，我又寫了《如何永遠贏得顧客》，收益也非常大。這兩本書的成功，讓我進入贏家之列，而且讓我提早自大學退休，遠超乎我的夢想。

別限制自己的成功

4. **不要讓別人的意見限制了自己的成功**。你比別人更了解自己的能力，專家只是知道自己做不到某些事的所有理由的人。以下幾個例子，也許你會有興趣。

- 麥可・喬丹高二時未能入選學校籃球隊。
- 一位年輕演員第一次試鏡後，米高梅試鏡主任的備忘錄上寫道：「不會演戲，有點禿頭，會跳一點舞。」那位年輕演員是佛雷・亞斯坦（Fred Astaire）。
- 一位專家曾經說傳奇足球教練文斯・隆巴迪（Vince Lombardi）：「他對足球所知有限，缺乏動機。」
- 一家報社將華特・迪士尼解雇，因為他缺乏創意構想。

• 貝多芬小提琴拉得不好，而且喜歡演奏自己所譜的曲。老師說他沒有指望成為作曲家。

• 愛因斯坦小時候有記憶障礙，曾經被學校退學。接著又無法通過電子工程師的入學考試。從數學與物理系畢業後，無法覓得教職，因為教授認為他不夠資格，沒有推薦他。

停下來想一想，要是這世界沒有麥可・喬丹、佛雷・亞斯坦、文斯・隆巴迪、華特・迪士尼、貝多芬，與愛因斯坦，會是怎樣的損失。他們每一個人都成就不凡的事業，而且每個人都曾被人說他們不具備那樣的天分。如果那是你的夢想，你有熱情投入時間與努力，不要讓別人告訴你，那是不可能的。

與其聽這些批評，不如讓自己身邊環繞著積極進取、令人振奮的人，他們相信你，也相信你的夢想。組成一個志同道合的團體，一起分享夢想。這些相互支持的團體可以彼此交換意見、互相鼓勵、一起慶祝美好時光。身邊圍繞互信互助的人，可以讓成功的喜悅加倍，負擔也會減少。

5. **要牢記，不論何時，一扇門關閉，就會有另一扇門打開**。這是我以前的經紀人亞瑟・派恩（Arthur Pine）最喜歡講的一句話，他寫了一本有關這方面的書。亞瑟是我見過最會鼓勵別人的人。我相信與出版社打交道時，他是個很強悍的談判對手，但是他會讓人很快就喜歡他，他的微笑可以將冰河融化。也許他的最佳作品應是他所教出來的兒子理查（Richard），現在也是頂尖的出版經紀人。

亞瑟在他的《開啟希望之門》（*One Door Closes, Another Door Opens*）一書中指出，挫折的發生自有其意義。每天都有門關上，但是我們看到有些人另外開啟新的門，邁向更成功的境地。他們沒有停留在關上的那扇門，他們找尋打開的門。如果門是關的，就敲門，若有需要，就把門踢開。若找不到門，就建造另一扇門。我們都會失敗，成功的關鍵是重新站起來，繼續走下去。亞瑟的書中充滿許多感人的故事，這些人包括名人、作家，與各行各業的人，他們從挫折中站起來。亞瑟的書已經絕版，但是還可以找到，這是一本發人深省的書。

百萬美元的死亡宣判

四十一歲時，泰德・以撒（Ted Isaac）被診斷出患有肺氣腫。醫生說，如果幸運的話，還可以活五年。後來他發現，實際上醫生認為只剩一年的時間。未來之門已經悄然關上，留給他的挑戰是，在他過世之後如何讓妻子，以及三個分別三歲、四歲、五歲的小孩生活下去。

有一天深夜，我在醫院的床上坐了起來，算一算若是五年後死去，得有一百萬美元才能照顧小孩的未來。對於一個一年賺一萬五千美元的人而言，這是一個無法想像的數字，但這就是我所需的錢。

醫院在新年過後，就一筆勾銷我的醫藥費用，但是也宣布我得了絕症。就在我跌倒的時刻，學到很清楚的一課：如果一年賺一萬五千美元，我無法在五年內存一百萬美元，一百年都不可能。我得賺更多，我開始做兼職工作，開一家「下班後廣告公司」（After Hours Advertising）。我的收入加倍，但是這時候我只剩四年好活，還得趕緊存下一百萬美元。

後來我突發奇想，我太太經常會收到賣場寄來的折價券，產品製造商每年透過DM寄出相當十幾億美元的折價券。我想到可以用新的方式來發送，那就是把折價券印成單張，賣給週日報紙，當作別冊。如此可以節省廣告商寄發DM的數百萬美元成本，也許這能為我賺到一百萬美元。

有兩年的時間，我嘗試各種印製折價券然後透過報紙發送的方法，最後終於有了大突破。一個溼熱的八月下午，一家大公司的促銷經理打電話問我：「泰德，明年一月讓你發送價值三千五百萬美元的折價券，你說如何？」直到那時，我還沒做過百萬美元的生意。

我說：「我沒做過，但是讓我試試看。」三千五百萬美元的折價券，對我而言，相當於三十五萬美元的訂單，如果成功，就可賺到二十五萬美元；但如果失敗，就會虧損百萬美元。我得去做，而我做了。三個月後，我打電話給他：「我準備好開始做了。」九十天後，我的銀行多了二十五萬美元，並且開創了一項新的事業。那年的十二月二十三日，距離那個在醫院的失眠夜已經有五年，我簽下合約，把我新創的折價券公司，以一百多萬美元賣掉，這些錢是為了孩子們的將來。

但是那時候，我才發現醫生也會犯錯。他們誤診了我的病情，但是我得謝謝他們。要不是因為以為得了絕症，我到現在還是一名中級主管，賺一份中級主管的薪水。

我還沒死，應該也不會很快就死。我在絕望中開創的生意，現在年營業額十億美元。我享受著從未期望過的生活，住在夏威夷，從我家可以俯瞰美麗的肯納灣（Kaneohe Bay）。

很久以前，在醫院的床上，我學到一課：不要等到死刑宣判才開始行動，你的未來，靠你去創造。

——以上摘自亞瑟・派恩與茱莉・休斯頓（Julie Houston）合著的《開啟希望之門》

6. **放輕鬆**。以嚴肅的態度追求夢想、目標，與工作，但別對自己太嚴肅。人生的目的就是享受人生，如果對自己太嚴肅，就與目的不合了。況且，人生過得太嚴肅，反而降低進入贏家之列的機會。對自己太嚴肅時，身心都會太過緊張，妨害創造力，行為也會過於僵化。在一個快速變遷的環境裡，這種思考與行為模式，與成功所需要的剛好相反。

大多數在商場上成功的人，不只是為了錢。如果是的話，他們多數老早就退休了。對於商場上的遊戲，他們樂在其中，就如同有人喜歡打高爾夫球或是網球。當然，他們喜歡賺錢，不會待在輸錢的行業裡。但是，錢對他們而言，只是在市場上磨練技巧累積戰果的一種方式。重要的是從過程中學習、成長、提供服務、協助他人，並且過得充實美好。

有人說，當你學會取笑自己時，就是長大了。因此，追尋夢想時，要學會正確看待意料之外的挫折。現況經常會讓我們短視，問問自己：「二十年後，這件事有多重要？」你可以發現，就算是一百年後，也沒什麼關係。放輕鬆，要有彈性，將之視為一場遊戲，享受這段旅程，把一切不愉快留給想不開的人。

7. **永不放棄**。這是獲致長期成功的關鍵。一路上，你也許會繞了許多遠路，遇到許多泥濘，而不死的決心意志最終會將你帶入贏家之列。

在成功以前，經歷無數次的失敗是很平常的事。在打造迪士尼樂園之前，華特・迪士尼曾數次破產。喬治亞大學的研究指出，企業家在每一次破產之後，都會變得更聰明，十次的商場失敗，保證會有第十一次的成功嘗試。

我從未破產過，也不建議你如此做，但重點是，堅持可以讓你致富，一支全壘打讓所有的三振出局都值得了。贏家是不停揮棒的人，如同已故作家歐格・曼迪諾（Og Mandino）所寫的：「只要還有一口氣在，我就會堅持到那個時候。因為現在我懂得一個最偉大的成功原則，就是堅持夠久，一定會贏。」

選擇7

認清市場勝於擊敗市場

投資人通常得花很多時間才了解，投資竟然可以如此簡單。

——彼得・迪・特里查（Peter Di Teresa），晨星網路公司（Morningstar.com）資深分析師

對於不知道或所知有限的問題，我們都仰賴專家幫我們解決，我們認為：

- 我沒有時間或專業才能處理這事。
- 他們是學識淵博、經驗豐富的專家，對於此事，他們所知遠超過我。
- 我得找個人處理此事，並付錢給他。
- 如果這是件重大的問題，我得找最好的人。有力的協助不會便宜，便宜的幫忙一定不怎麼樣。開價最貴的人，他的價值通常遠超過他的酬勞。

這種思考模式，通常會讓你找到正確的醫生、會計師、律師、家電修護服務、建築師、工程師，或任何領域的專家。時間是稀有資源，我們應把精力專注於自己最擅長的部分，將技術性的問題丟給專家。

因為生活上許多領域都依賴專家，在金錢投資上，我們很自然地也會想找專家解決。不幸的是，這是唯一一個用專家壞處比好處多的領域。談到未來贏家的投資選擇，沒有所謂的專家。你想找傑出的股票高手，結果跟找尋牙仙一樣，只是浪費時間而已。若有人告訴你他經常擊敗市場，他不是在說謊就是自我幻想，因為股票市場的波動是隨機而不可預測的。一位不知名但是非常睿智的人說過，投資人有三種：

1. 不懂市場走向，也知道自己不懂的人。
2. 不懂市場走向，但以為自己懂的人。
3. 不懂市場走向，但別人付錢給他，他要裝懂。

關於股票市場，我們只知道一件事：分散投資各類股票，只要持有愈久，獲利愈高，超過其他投資所得。股票市場的短期波動是隨機的，但長期的趨勢卻是向上。長期持有股票，可以讓你致富。

真有這麼多大師？

整個投資產業，加上書籍、雜誌、新聞、廣播、電視，與網路等媒體，都要你相信，專家知道如何不斷地擊敗市場。他們希望你相信這個迷思，因為他們靠此維生。市場如果不可預測，那麼選股人、大師、權威人士都沒用，你一點也不需要他們。你只需要買指數型基金，降低成本，不用理會經紀人、管錢的經理、媒體大師、投資講座這些東西，投資結果就會不錯。事實證明，這正是你應該做的事。

不幸的是，多數投資人並未如此做。我們相信專家的存在，他手拿聖杯，引領我們獲取未來豐厚利潤。只要我們找對人，他的知識、直覺，與過人的腦力，會讓我們致富。或者，我們可以找人教教我們高超的投資技巧，那些技巧對他們挺管用的。這些一廂情願的想法，與事實不符。以下有三個著名例子。

第一個也是最著名的例子，應該是碧爾德史東女士們（Beardstown Ladies）。十四個居住在伊利諾州碧爾德史東近郊的祖母級女士，創立一投資俱樂部。瞧瞧，她們十年來的平均年報酬率高達二三・四％，但同一時期，史坦普五百（S&P500）指數的平均年報酬率只有一四・九％。真是驚人啊。十四個住在中西部小鎮上的祖母打敗華爾街，她們在新書中熱心地告訴我們是如何做到的。

這其實是出版宣傳的操作手法，碧爾德史東女士們的第一本書是一九九四年最暢銷的書。很快就有更多人請她們出書，數百場的演講邀請以及電視節目在等著她們。一九九八年，傳奇故事破滅，因為有人計算是否真的有二三・四%的平均報酬率。很不幸，碧爾德史東女士們所吹噓的數字小於實際。她們在全國法庭辯論聯盟（NFL）上說，經過進一步的檢驗，她們十年來的平均報酬率只有九・一%。

回顧過去，我們知道得更清楚，也很快就發現她們的實際投資報酬。十四個伊利諾州的祖母在十年內以如此大的獲利空間擊敗市場，此一牽強附會的說法就如同說她們在寒冷的十二月，在芝加哥的軍人運動場（Soldier Field）擊敗芝加哥小熊隊一樣。

看來，碧爾德史東的女士們沒有擊敗市場。腦力更優秀的人呢？他們在投資上應該會有一些優勢，這似乎言之成理，但是讓我們看看門薩投資俱樂部（Mensa Investment Club）的表現。門薩投資俱樂部的成員資格，限於IQ測驗分數在最頂尖二%的人。根據《聰明錢》（*Smart Money*）雜誌報導，十五年來，史坦普五百的平均年報酬率是一五・三%，但是門薩投資的報酬率只有二・五%。有一位會員在三十五年間，投資金額由三千五百美元成長至九千三百美元，但若是投資在史坦普五百，則可成長到二十九萬一千零七十六美元。如果有人問你：「為什麼你不是有錢人？」現在你擁有完美的藉口了，先告訴他們門薩投資俱樂部的故事，然後說：「這不是我的錯，只因為我太聰明了。」

這兩個案例雖然娛樂性大於結論性，但是當你下一次再看到廣告或聽到經紀人吹噓打敗市場的能力時，下一個案例肯定會讓你有所保留。

想像一下，如果能組合一個夢幻的投資團隊，成員具有超凡的智慧，熟悉全球股票市場的知識，又具有諾貝爾獎得主的身分時，會如何？這樣的團隊於一九九四年組成，公司名稱為長期資本管理公司（Long-Term Capital Management）。他們認為已找到可以消除風險的投資辦法，遂成立龐大的避險基金，透過數學模式，可以讓投資者有巨額回收。最低投資額度為一千萬美元，三年之內不能贖回。這個夢幻隊伍的響亮名氣，讓許多有錢投資人爭相加入。短短數月內，長期資本管理公司募集了三十億美元以上的資金，開始在全球投資。

一開始，公司極為成功，頭三年的投資報酬分別是二〇%、四三%，以及四一%，市場表現符合公式所預期的。但是在一九九七年，市場不再符合預期，金融恐慌橫掃亞洲，長期資本管理公司沒有採取行動，因為公式模型顯示一切終將回復正常。不久，長期資本管理公司開始失血，負債超過一千億美元，公司面臨破產。但公司如果破產，公司將因此失掉在全球市場的價值，總值為一兆二千五百億美元，相當於美國政府一年的預算數字。

為防止全球性的經濟崩盤，聯邦準備銀行（Federal Reserve）規畫出一緊急救援計畫，由十四家銀行出資三十六億美元買下基金。夢幻團隊與他們的投資者損失數百萬美元。一九九九年十二月，長期資本管理公司將銀行資金全部還清，不久之後，基金結束。

有關長期資本管理公司的故事，可以參閱羅傑・羅文斯坦（Roger Lowenstein）所著《天才殞落，華爾街動人心弦的賭局》（*When Genius Failed*），以及美國公共電視新星系列節目（NOVA）的《萬億元賭局》（*Trillion Dollar Bet*），這是一部很棒的記錄影片。這個教訓告訴我們，涉及未來市場的運作時，天才與精密的數學都沒有特別的優勢。在《萬億元賭局》一片中，諾貝爾經濟獎得主薩繆森（Paul Samuelson，並非夢幻團隊成員）說：「數學有一種致命性的誘惑。愛因斯坦曾經提出警告，他說，把優雅留給裁縫師，不要因為這是完美的公式就相信它。總是有需要判斷的空間。」

碧爾德史東的女士們、門薩投資俱樂部，以及長期資本管理公司的故事，都印證了傳奇性棒球教練史坦吉爾（Casey Stengel）多年前所說的話：「預測是件困難的事，尤其是關係到未來時。」

被動式投資有效

我想大家都聽過一句老話：「如果聽起來太好，不像是真的，那就不是真的。」如果事關金錢，此言尤真。但是，事實證明，買進並且繼續持有的指數型基金，卻是讓資金成長最好也最有效率的投資辦法，最後可以讓你獲得財務自由。更棒的是，還可以獲得時間的紅利。你無需花無數時間去學習複雜的投資，不必花時間煩惱買什麼，賣什麼，何時買，何時賣。換言之，當你的錢自動地以複利累積時，你得到更多的自由。

無需佣金的指數型基金投資效率佳的七個原因：

1. **不需支付買賣佣金**。如果你向經紀人購買一筆基金，通常要支付四%到六%的銷售佣金，這些錢直接進了經紀人的口袋，你再也見不到。但是如果購買不收取佣金的指數型基金，你百分之百的初期投資資金扣除一些交易成本，都是你自己的錢。不要聽經紀人說的，收取佣金的基金表現較佳，那不是真的。

2. **年費低**。典型的共同基金每年都會收取一%到二%的年費，也就是說，每一年會從你的帳戶裡扣除一%到二%，以支付運作基金的花費。但是另一方面，低成本的指數型基金的年度花費可以低至〇．一八%，多數是〇．五%左右。看起來也許不多，但是經過數年的複利計算，這些小額年費也是一筆不小的成本。例如，投資人投入共同基金一萬美元，每年未扣除年費前的報酬率是一〇%，放上二十年，若年費是一．五%，則總金額將成為四萬九千七百二十五美元。但是，如果年費只有〇．五%，則總金額將可達到六萬零八百五十八美元，亦即多出一八%。亞瑟．李維特（Arthur Levitt Jr.）在其告別美國證券交易委員會主席職位演說中提到：「投資人如果不需支付成本，更有機會賺到百萬美元。」

3. **分散**。如果你只買某一支股票，而那家公司倒了，投資就全部泡湯。但你投資的公司愈多，這種情形發生的機率愈低。而購買股票基金可收投資分散之效，這是安全投資的要素。

4. **不會有情緒涉入其中**。傷害投資人的兩大情緒因素，一是貪婪，一是害怕。貪婪與害怕讓我們買高賣低，而不是賣高買低。自我意識與過度的自信也會傷害投資組合。我們自以為曉得什麼股票將會大熱門，自以為可以掌握進入市場的時機，或是雇請專家來做這件事。是有可能做到，但通常不會如你所願。企圖長期擊敗市場，有如華爾街權威查理士・艾里斯（Charles Ellis）所說的，是「輸家的遊戲」。你必須知道，有些事情是你不知道的。加州大學戴維斯分校的金融教授布萊德・巴柏（Brad Barber）與泰瑞・歐丁（Terry Odean）針對六萬六千個股票經紀帳戶做為期六年的觀察研究，發現交易次數最少的帳戶比交易次數最多者，平均投資報酬率高出六二%。他們同時發現，因為交易次數較少，女性投資者的每年平均投資回收，比男性投資者約高出一・四%。如果我們選定資產配置，買下指數型基金，我們的投資計畫是穩定的，不受情緒因素所影響。

5. **無需擔心課稅問題**。因為擁有整個市場的股票，投資組合的更換率會很低，不會有大筆意外的資本利得，因此無需負擔資本利得的課稅[13]。

6. **無需擔心基金經理人的能力**。好的基金經理人如同贏球的教練，如果績效記錄良好，另一家公司會重金禮聘，讓他管理另一支基金。而接掌你的基金的下一個管理人，可能是一個鄉巴佬，讓你損失不貲，這種事情屢見不鮮。指數型基金不會仰賴某一經理人的選股技巧。

7. **不需付錢請人管理投資**。典型的資金管理人每年收取一%至三%的管理費，以管理你的投資組合。你的投資回收又被咬下一大口。

總而言之，指數型基金之所以成功，就是因為沒有許多人把手伸進你的口袋裡。典型的管理基金的表現，每年要比指數型基金好一%到二%，才能追平指數型基金的績效。對大多數的基金而言，要長期做到這一點，是很困難的事。再加上指數型基金沒有銷售佣金、無需課稅、沒有管理費，不難想見，何以它的投資運作會如此良好。正如同柏頓・墨基爾（Burton Malkiel）在《華爾街日報》所說的：「將一萬美元投資於史坦普五百指數型基金，為期三十年，到一九九八年為止，將成長至三十一萬一千美元（扣除所有費用之後）；而若投資於一般的基金，投資額將成長至十七萬一千九百五十美元。」

指數型基金有一缺點，就是很無趣，你無法在聚會上大肆吹噓新買的科技股上個月大漲一○○%，或是炫耀你掌握進場時機的技巧。你無法體會在大贏時的超級快感，以及大輸時的極端失落。股票市場成為許多人抉擇的賭場，而多數人得花更長久的時間，才能獲取財務上的自由。如果你以為自己或其他人可以掌握市場的脈動，想想以下的事實：

芝加哥的伊博森顧問公司（Ibbotson Associates of Chicago）發現，從一九二五年到一九九五年的七十年當中，投資一元於史坦普五百指數型基金，可以成長至一千一百一十四元。但在這為期八百四十個月當中。只要你錯過了其中三十五個最佳投資月份，一元僅會成長至十元。換言之，有九九％的投資利得僅發生在四％的時間裡。

掌握市場的脈動是輸家的事，把在市場上的時間省下來，會讓你進入贏家之列，晚上你也會睡得比較好。

關於指數型基金

如果你讀過傑出投資作家、學者，以及實踐者的著作，有個顯而易見的事實是：絕大多數人強烈建議購買無需佣金成本又低的指數型基金，以下是他們關於指數型基金的看法：

---

⑬編注：以台灣而言，個人直接投資股票賣出時會被課千分之三的證券交易稅，而個人存款與股票股利則有二十七萬元的免稅額，超過二十七萬元仍須被課稅。投資共同基金的情況有所不同，以投資境內基金（大多數以新台幣計價）而言，若為累積型，依目前國內稅法規定於投資獲利了結時所得到的利潤部分，是不需要課徵任何稅金；但是若有基金配息且配發的利息是來自境內的投資收益，則須列入個人綜合所得稅中，但可與其他利息收入一同享有二十七萬元免稅額的優惠。若基金配息時所分配的是境外的投資收益，則無需納入上述個人綜合所得稅申報。

薩繆森，美國第一位諾貝爾經濟獎得主：「分散股市投資組合的最佳辦法，是買進費用低的指數型基金。統計顯示，一個基礎寬廣的股票指數型基金，表現將勝於進出頻繁的投資組合。」

華倫・巴菲特（Warren Buffett），波克夏海瑟威公司（Berkshire Hathaway）董事長，亦是傳奇性投資大師：「多數投資者，包括法人投資者與個人，會發現擁有一般股票的最佳辦法，是購買收費低廉的指數型基金。循此途徑，一定會比多數投資專家的淨所得（扣除相關費用後）傑出。」

柏頓・墨基爾，普林斯頓大學經濟系教授，亦是《漫步華爾街》（*A Random Walk Down Wall Street*）一書作者：「指數型基金可以讓投資者購買各種類型的證券，不需花什麼力氣、花費又低、又可省下可觀的稅，是獲取投資利得一個合情合理的方法。」

傑森・齊維格（Jason Zweig），《錢》（*Money*）雜誌資深撰稿人與專欄作家：「如果你買進指數型基金，然後長期持有，以統計上來看，你的長期投資會勝於多數其他投資者。」

安德魯・托比亞斯（Andrew Tobias），著有《投資必讀》（*The Only Investment Guide You'll Ever Need*）：「如果專家並不會射得比較準，而且通常不會，為什麼要讓他們管理你的錢？」

查理・薛瓦伯，嘉信理財公司創辦人暨董事長：「每四檔股票基金，只有一檔的表現會優於大盤，因此我是指數型基金堅定的擁護者。」

道格拉斯・西斯（Douglas R. Sease），《贏得市場》（*Winning with the Market*）一書的作者，《華爾街日報》前金融版主編：「你永遠不會在《華爾街日報》的最佳投資欄上，看到史坦普五百指數型基金。重點是，經過五年以後，你的基金的回收報酬，幾乎可以打敗市場上各項積極管理的基金。在《華爾街日報》的最差投資報酬一欄，你也不會看到史坦普五百基金。」

約翰・柏格，先鋒投資集團創辦人暨榮譽董事長：「過去三十年，三百五十五檔股票基金中，有一百八十九檔結束，只有十四檔基金，相當於每二十五檔只有一檔基金，能夠擊敗指數型基金，平均一年也只多一個百分點。」

威廉・伯恩斯坦（William Bernstein）博士，《聰明資產分配家》（*The Intelligent Asset Allocator*）一書作者，亦是晨星公司客座專欄作家：「經過慘痛經驗，我發現，愛上積極型經理人而放棄指數型基金，總是一敗塗地。」

強納森・克里門（Jonathan Clements），是《華爾街日報》暢銷專欄「再接再厲」（Getting Going）的作家：「集體而言，美國股票市場投資者的表現無法優於大盤，因為整體來說，他們就是市場。事實上，一旦你把投資成本計算進去，積極型投資者的表現，注定不如威爾夏（Wilshire）五千指數基金，因為積極型投資者的成本較高。」

道格拉斯・戴爾（Douglas Dial），美國全美教師保險及年金協會（TIAA-CREF）股票基金投資組合經理人：「指數型基金是一絕妙的技巧，過去我不是忠實的信仰者，是個無知的人，現在我改變了。指數型基金是經驗老到的人會做的事。」

下一次，當經紀人、金融規畫師，或基金管理人告訴你，他的投資回收優於市場表現時，給他看看上面這些人所說的話，並且問他：「你所知道的事情，有哪些是這些投資權威不知道的？」

開始行動

被動式的投資就是單純，讓我們來看看各步驟的細節，好讓你開始：

1. **決定股票、債券，與現金的資產配置**。這是決定你長期投資組合優劣的最重要因素。多年前，著名金融學者蓋瑞・布里森（Gary Brinson）研究一群退休基金管理人，發現基金經理人的表現，九〇%以上取決於他們在股票、債券，與現金的配置，此一道理，同樣適用於你的投資組合。

根據你的年齡與風險承擔度，將五〇%到八〇%的金錢，投資於股票，愈年輕，股票配置比率愈高。未來五年會花用的錢，絕不能投資於股市。相對的，未來十年都用不到的錢，則應投資於股市，正如俗語所說：「股票可以致富，債券用來保本。」**用一二〇減去你的年齡，所得之數，就是投資於股票市場的比率。**

評估自己的風險承擔度是很重要的一件事。多頭市場時，股票價格上漲，沒有人想擁有債券，而當空頭市場來臨，股票價格下跌時，幾乎人人都想多買債券。你應該在債券與現金上配置夠多的錢，一旦股市價格大跌（總有一天會如此），你就不會因驚慌而賣出手中股票。如果你有足夠的財力、耐心，與自制力，市場終究會回升，攀向新高，讓你比以前更有錢。除非你將股票賣掉，否則只是帳面上的損失。關於投資，你只需關心兩個價格，一是買價，一是賣價，其餘的根本不用管。

評估風險承擔度，我個人最喜歡的方法是五〇%原則。問問自己：「如果股票價格下跌五〇%，我的感覺如何？」並據以調整配置比率。例如，你將八〇%的錢投資於股票，而股票市場下跌五〇%，你的投資組合將損失四〇%，這會讓你失眠，讓你焦慮嗎？你會驚慌，賣出手中的股票基金嗎？如果有一個答案為是，你就要把投資於股票的資金放少一點。長期而言，股票可以建立財富，但是短期而言，就像是搭乘雲霄飛車，起伏愈大，高額回收的機率就愈大。但你要確定可以承受得起。

2. **找一家信譽卓著，銷售無佣金、成本低的指數型基金公司**[14]。我建議一家公司，讓投資變得單純容易。先鋒投資集團是一家不錯的公司，創辦人約翰．柏格成立許多指數型基金；他們以低成本提供許多不錯的指數型基金。富達公司（Fidelity）、羅派斯公司（T. Rowe Price）、嘉信理財公司、USAA保險公司，與美國全美教師保險及年金協會（TIAA-CREF）等公司亦相當不錯。有許多公司提供指數型基金，但不是所有的指數型基金條件都一樣，要找那種買賣不收取佣金、年費少於○．五%的基金。要小心挑選，仔細閱讀說明，有許多機關暗藏佣金與費用，成本是很重要的。

3. **不需多種基金**。有些時候，你的投資組合可以只是一種指數型基金。平衡式指數基金包括股票與債券指數型基金，例如，先鋒集團的生活策略平衡基金（LifeStrategy），可以選擇配置二五%、四○%、六○%或八○%的股票，其餘是債券或現金。若是一位年輕人投資於個人退休帳戶，先鋒集團的生活策略成長平衡基金就會投資八○%的資金於股票市場。

如果你想更能掌控股票與債券的配置，你的投資組合可以包括這兩種基金。選擇一檔可以反映威爾夏五千指數的股票指數型基金，與一檔債券型基金。威爾夏五千是美國五千大上市公司的股票指數，最能反映美國整體股票市場。

至於你投資組合中債券的部分，隨著債券指數波動的債券指數基金就符合需求。如果你擔心通貨膨脹，可以考慮選擇財政通貨膨脹保值債券（Treasury inflation-protection securities,

TIPS），TIPS基金保證你的投資不會被通貨膨脹所侵蝕。不要碰長期債券基金與垃圾債券基金。你希望債券降低投資組合的風險，但這兩種基金風險太大。

這兩種指數型基金的投資組合，不涉及國際股市，其實美國人並不需要購買國際股票。美國大企業的大部分營收，都來自海外，擁有一個股票指數型基金，等於已經和國際接軌。

最後，你的投資組合也可以是四檔基金，包括股票指數型基金、國際股票指數基金、債券基金，與貨幣市場基金。你要放多少資金在國際股市，完全看你，但我自己是維持在一〇%到二〇%之間。選擇一檔能隨摩根士丹利歐澳遠東指數（MSCI EAFE: Morgan Stanley Capital International Europe, Australia, Far East Index）波動的國際股票指數型基金[15]。

把債券基金放進可以延遲繳稅的帳戶，如個人退休帳戶、簡易雇員退休金計畫（SEP）、基奧計畫（Keogh），或401(k)，如此一來，這些基金所產生的收入不會影響你年度的所得

---

⑭ 編注：截至二〇一九年十一月底止，台灣共計有三十九家投信公司，所發行的共同基金總數為九百七十三支，台灣的投信公司整體基金規模為三兆九千五百七十四億元。（資料來源：嘉實資訊Money DJ理財網）台灣的股票開放型指數型基金截至二〇一九年十一月底之年績效前三名為：富邦台灣科技指數基金、元大台灣電子科技基金及富邦台灣中小A級動能五十ETF基金；跨國投資指數型基金截至二〇一九年十一月底之績效前三名為：元大滬深三〇〇單日正向兩倍基金、國泰富時中國A五十單日正向兩倍基金及富邦上証一八〇單日正向兩倍基金。（資料來源：公會排名／嘉實資訊Money DJ理財網）

稅。如果不可能，可以考慮免稅的市府債券基金，你的會計人員可以提供相關建議[16]。

4. **定期持續地投資**。長期儲蓄並投資，可以把你帶入贏家之列，根據資產配置，盡量把薪資收入存入投資組合中。存錢是最難做到的，其餘的就很簡單了。

5. **每年檢討投資組合一次，看看是否需要重新調整配置比率**。如果股票的配置在目標的一〇%以內，就不用調整。如果需要調整，就加些錢進去，或是將錢移入稅賦延遲繳納的帳戶以避稅。

6. **如果你對擊敗市場樂在其中，要能落袋為安**。把投資組合中五%的資金分配為「賭場戶頭」，讓你可以買賣股票而不危及未來的財務自由。你大約有二〇%至三〇%的時間，有機會勝過指數。好好享受贏的樂趣，但不要以為你比大盤聰明，而開始動用投資組合中的錢。正如華爾街的名言：「牛賺錢，熊也賺錢，只有豬被宰。」

7. **如果有人告訴你，指數基金時代已告結束，別理他**。如果你相信那種話，就如同相信折扣時代已結束一樣。曾有一段時間，多數積極型管理基金的表現優於指數型基金，因為積極型管理基金持有五%左右的現金，而指數型基金全數投資。每年某些積極型管理基金的表現會優於大盤，問題是很難事先知道哪一支基金能做到。

我的朋友泰勒・賴瑞摩（Taylor Larimore）被《錢》雜誌很貼切地形容為「先鋒集團死硬派大頭目」，他總結指數型基金的優點：「指數型基金的回收報酬不僅較為優秀，同時做了最大的投資分散、沒有重複投資、風格一致、沒有更換經理人的風險、流動率低、管理費低、課稅低、非常簡易，同時能獲得心靈的平靜。」指數型基金讓你擁有市場，你應該高興你做到了。

---

⑮編注：平衡型基金以兼顧長期資本增長和穩定收益為投資目的。即投資標的兼有投資股票及債券的混合式投資組合，一般而言，平衡型基金其中股票投資所占比例最起碼應有五成到六成，其餘為債券，而債券之比例通常不低於二成五，為股票型基金與債券型基金的混合體。

在台灣，全球組合平衡型基金截至二〇一九年十一月底之績效前三名為：瀚亞新興豐收基金B配息（澳幣）、瀚亞多重收益優化組合基金S配息（澳幣）及群益環球金綻雙喜基金B月配型（南非幣）。

而國際股票指數基金一般稱為海外基金。以基金資產投資地區來分，可分作國內基金和海外基金兩種，國內基金是指基金的資產主要投資在國內；海外基金則是指基金的資產主要投資在其他國家。通常只有國內投信業者才會採用這種分類方式，因其產品均為境內基金。

國內投信業者發行的跨國投資股票型（單一國家）基金截至二〇一九年十一月底之績效前三名為：復華中國新經濟A股基金（人民幣）、復華中國新經濟A股基金（台幣）及聯博中國A股基金A2不配息（人民幣）。

（資料來源：公會排名／嘉實資訊Money DJ理財網）

⑯編注：投資債券基金就是投資一籃子的債券，只要別選擇高收益債券（高收益伴隨著高風險），選擇投資等級的債券，長期能帶來不錯的報酬率。債券型投資等級海外債券基金截至二〇一九年十一月底之績效前三名為：新光全球債券基金B月配息（美元）、新光全球債券基金A不配息（美元）及凱基六年到期新興市場債券基金（美元）。（資料來源：公會排名／嘉實資訊Money DJ理財網）

最佳投資建議

前一陣子，我看了加州會計師賴斯・安特曼（Less Antman）所寫的一些東西，他同時在簡單致富網站（www.simplyrich.com）上經營一個不錯的留言板。以下是由賴斯所提供的建議：

1. **今天美國最佳的避稅管道——買下並長期持有。**
2. **長期而言，打敗股市八〇%以上投資者的最好方法——指數型基金。**
3. **長期而言，打敗指數型基金最有可能的方法——計算錯誤（如碧爾德史東女士們）。**
4. **如果你有三千美元以上可以投資，就投資先鋒投資集團（一千美元就可以開立個人退休帳戶）。**
5. **如果只有二十五美元，就投資全美教師保險及年金協會。**
6. **不要活得比退休存款還要久的最佳辦法——抽菸。**
7. **值得你每年都做一些貢獻的事業——羅斯退休帳戶。**
8. **變額年金險的最大受惠者——銷售人員。**
9. **減少課稅額度的最快辦法——每天交易。**

最重要、能創造財富的詞語

把這六個創富詞語記錄下來，每天重複一次並照著做，它們會讓你變成有錢人：

1. **讓你的錢為你工作。**
2. **有資產分配計畫。**
3. **維持低成本。**
4. **擁有市場。**
5. **複利。**
6. **最重要的事情：存錢。**

選擇8

有周全的保險

修屋頂的時機，是當太陽出來的時候。

——無名氏

人生在世，每個人都有倒楣的時候。更糟的是，厄運來時通常沒有警示，無法避免。我們可以避免的是，不要讓意外不幸毀了你的財務大計。本章就是要告訴你，如何做好損害控管。簡而言之，運用各種適合的保險，做好未雨綢繆之計。展望未來，問問自己：如果我或家人有以下情況，怎麼辨？

- 長期臥病，而且需要龐大的醫藥費。
- 失能無法工作。

- 失去房子，或是房子嚴重毀損。
- 成為被告，要支付龐大的訴訟費。
- 死亡。
- 遇到重大車禍。
- 需要長期照顧。

如我先前所述，贏家善於管理風險，才能獲得財務自由並持續保有。良好風險管理的關鍵，就是要能未雨綢繆。一次重大的不幸，就有可能提前結束你進入贏家之列的機會。適度的保險是必要的。

不可否認，保險不是一個吸引人的題目，書店裡一定找不到《保險的樂趣》這種書。但是，知道自己需要何種保險，保額多少，是很重要的事情，這是讓你成為百萬富翁的另一個關鍵因素。

正確投保的幾個原則如下：

1. **只投保自己無力承擔的重大災害。**
2. **投保可扣除額最高的保險**[17]。

3. **只向評等最佳的保險公司購買保險。**

常見的三種錯誤投保

據估計，九〇%的人，投保的保險類型與保額都不恰當。讓我們面對這個問題：為潛在的災難規畫，聽保險銷售人員推銷，就跟偏頭痛一樣，令人不舒服。因為不喜歡去想這類事情，於是傾向逃避。結果，購買保險時就會出現相同的錯誤，而且花費的費用較高。

錯誤之一是，投保了相對不重要的部分，但卻未投保重要的部分。經常可見有人投保汽車或是大螢幕電視，但卻沒投保足夠的醫療險。許多人在郵局裡為包裹投保，卻讓自己因為昂貴的法律訴訟而受到傷害。而且經常可發現，無需撫養親屬的單身者，投保既昂貴又用不到的壽險，而他們真正需要的失能險卻付之闕如。

另一種常犯的錯誤是，根據某事發生的機率來決定是否需要購買某一類型的險。例如，如果你住的地方，很少發生水災或地震，你也許會認為，把水險或地震險加入屋主保單是一種浪費。其實並非如此，某事的發生機率並不重要，唯一重要的是：如果一場反常的地震或洪水摧毀了你的房子，你是否會一無所有？如果是，就應該涵蓋在保險單中。如果發生機率低，所增加的額外費用就不高，但它卻保障了你所不能負擔的情況。不要根據事情發生的機率去買保險，要買那種萬一發生狀況，你與他人依然能受到保障的險。

第三種常犯的錯誤是，投保的範圍太狹窄。例如，你買航空險，只為了萬一你死於飛機失事，可以根據你的選擇獲得賠償，保費便宜，但卻浪費金錢。正確之道是，要買就買壽險，不然，就什麼都不要買。**如果你要買壽險，保單就必須相當完善，只要死亡就會獲得理賠，不管原因是什麼**。同樣地，**購買醫療險不要只投保一些特殊的疾病**，例如癌症、失智症等，而是買入**完整的醫療保險單，不管發生任何意外或疾病，都可以為你支付巨額的醫藥費**。

人生在世難免遭遇不測之災，問題是，你不知道何種厄運何時降臨。當你決定需要的保險種類與保額時，以下座右銘可以當參考：「撞到你的那輛巴士，正是你沒看到的。」天有不測風雲，事先做好未雨綢繆之計。

---

⑰ 編注：台灣的保險費可列舉扣除，每人每年可扣除二・四萬元，但不是所有保險費都可列舉扣除，只有「人身保險」才可以，包括：人壽保險、傷害保險、年金保險、勞保、就業保險、農保、軍公教保險等保險費支出，而車險、火險、責任險等產險保單則不能申報。此外，健保費支出不用併入保險費扣除限額二・四萬元，可以全額列舉扣除。

買正確的壽險

買壽險的唯一理由，是萬一你死了，沒有謀生能力的被撫養人還能有收入。如果你財務獨立，或是沒有被撫養人，就不需要人壽保險。如果你需要，就買不貴的壽險項目，不要在意壽險人員所推銷的有現金價值的保單，例如終生壽險（whole life）、萬能壽險（universal life），或是變額萬能壽險（variable universal life）等。有現金價值的保單是投資工具，但因為中間經過太多手，所以不是一個好的投資工具。壽險是很好的投資，對賣壽險的公司與保險業務員而言，這種說法確實是真的。保險業務員推銷現金價值的保單，是因為他們的錢就是從那兒來的。一般而言，投保人第一年保險費的五〇％至一〇〇％，都直接進了保險業務員的口袋。**買保險是為了保障，投資是為了讓籃子裡的雞蛋更多，不要將兩者混在一起。**

如果你年輕又沒有親屬要撫養，不要只因為保險業務員告訴你，年輕保費較低廉，就去買壽險。你的錢最好還是投資在指數型基金，直到你有壽險需求時再買。

如果你需要壽險，一個簡單的原則，以自己稅後年所得的五至八倍為保險額度。例如，稅後年所得為五萬美元，保險額就應該是二十五萬美元至四十萬美元。如果是雙薪家庭，且極度仰賴這兩份薪水，兩人都應該投保。

購買定期保險時，如五年、十年、十五年，或二十年，保險費率每年都一樣。在這段期間內，費率固定，因此保險期愈長，年度保險金額愈高。所以要購買你能負擔，而保險期限最長的保險。要確定保單可以續約，意即保險公司不能因為你身體不好而拒絕承保。好的保單會具備這點。

一旦進入贏家之列，就可以把保單丟了，除非你有龐大資產，如果你有錢要留給配偶以外的繼承人，壽險是付遺產稅的一個很好投資方式，可以去找財務規畫師或是遺產規畫律師尋求指點。

不容忽略的失能保險

如果你尚未財務獨立，那麼你需要長期失能保險。七〇％的美國人有壽險，但只有四〇％的人有投保失能保險。然而，三十五歲的人，每五個就有一個在六十五歲前失能，每七個就有一個至少在五年內失能[18]。

長期失能保障有多麼重要？想想看：如果你死了，生活花費也就告終，但如果你失能，你還是得吃飯啊，還是要有遮風避雨的地方。失能等於同時遭受雙重打擊，既不能賺錢，又要負擔龐大的醫藥費。

盡可能買你負擔得起的失能保險額度，最大額度通常是收入的六〇％。不要仰賴雇主的保險單，根據自己的稅後額度買你的保險單，如果申請理賠，給付的救濟金是免稅的。在今天這個個人工作戶的經濟環境裡，你不會想要靠雇主的失能保險。好的失能保險單，還有其他特點：

- 不可以被取消，而且可以續約直到六十五歲。
- 保障你現有職業的失能風險。
- 提供最長期的職業救濟金，或者至少直到六十五歲。
- 根據生活費調整給付金額。
- 保障部分失能。
- 投保之後的等待生效期，不得超過九十天。

根據保險業的統計資料顯示，如果完全失能，一年所需的花費，足以將你累積十年，每年儲蓄收入一〇％的所有積蓄化為烏有。四十多歲的人，失能的可能性大於死亡，因此失能險應是未來富翁所需要的保險。如果你財務尚未獨立，未來的賺錢能力，就是你最寶貴的資產。

買醫療險的重點

如果雇主或是某團體為你投保醫療險[19]，那麼你真的很幸運。醫療險通常不貴，但信不信由你，據估計，四千四百萬的美國人沒有醫療險。

幾年前，我認識一位心理學博士，他非常聰明有才能，事業成功又負責。五十多歲時，突發心臟病需要開刀。我非常驚訝地發現，他竟然沒有醫療險，因此必須自行支付七萬美元的醫療費。當時是九〇年代初，不敢想像如果是今日，手術費將有多高。我要是他，看到帳單，保證讓我心臟病發。

---

⑱編注：失能險是保障因疾病或意外而喪失工作、生活能力的保險，在先進國家相當盛行。跟平常意外險相比，失能險多了「因疾病而失能」的保障。我國失能人口當中，六十五歲以上老人約占三八％，其他六二％都是六十五歲以下的人口；這表示即便是青壯年，仍有很大機率發生失能。近年來政府推動的長照服務，長照2.0新增服務對象就包括五十歲以上失智症患者。目前台灣已有兩百三十一萬人因長期照護（包括居家照護）影響自己或是家人的生活與工作，平均每五人就有一人受到影響。

⑲編注：醫療險是為了罹患疾病或遭受意外傷害時，可以理賠照護費用、醫療費用或補償收入損失。據統計國人一年平均約花一・五萬到兩萬多元購買醫療險。醫療險主要分為日額醫療險與實支實付醫療險；日額醫療險是住院一天理賠多少；實支實付醫療險則可補足其他醫療費用的缺口，例如手術費用、醫材自費差額及各式新型自費藥物，也可補足病房差價等支出。

如果你要買醫療險，醫療給付須涵蓋住院治療、X光、檢驗、手術、醫師費用，及復健服務等。要確定保單的終生最高給付額至少有一百萬美元。你可以提高自己負擔得起的保險自付額（deductible）與定額負擔（copayment）的比例，以降低保費。定額負擔是保單的保險額度給付之前，你所需負擔的額度，例如每次看病二十五美元、醫藥費用二十美元，或是住院醫療費用的二〇%。定額負擔通常以一千美元為最高限度，也就是說，如果你有一筆大的醫療帳單，你只需付兩百美元，若定額負擔比率是二〇%，一年最高自付金額不超過一千美元[20]。

加入美國保健組織（Health Maintenance Organization, HMO）可以降低保險費用，但是你對醫師與服務的選擇就受到限制。就像是生命中其他事情一樣，一分錢一分貨。因此，如果選擇醫師對你而言很重要，最好不要加入保健組織[21]。

除了要注意壽險的終生最高給付額，好的醫療險還要有以下特色：

- 無需轉介，或是取得主治醫生的授權，可自由選擇醫生或專家看病。
- 醫院花費沒有限制，如病房等級、手術、手續費，及檢驗費用。
- 自付額每年有一定上限。
- 國際保障，如果你出國，需要醫療照顧，都會由保險單支付。

以上是理想中的情況，也許你不想要或是不能負擔上述所有保險項目。那麼你可以找歷史悠久的壽險公司，購買適合自身需求的醫療險。

保護你的資產

到目前為止，我們已討論過死亡、失能，或生病時，如何保障自己以及所愛的人。現在，來看看如何保護你已經擁有的資產。

首先，你需要屋主產權保險或是借貸人產權保險，以支付房子及其內容物因火災、水災、地震、搶劫，或是任何其他重大災難而招致的損失。買這類保險的術語是重建成本

⑳ 編注：保險的定額負擔一般稱為自付額，例如我國健保的部分負擔，或是車險的竊盜損失險也有一成的自付額。

㉑ 編注：美國健康保險市場中有上千個保健組織（HMO），是一種營利性質的管理醫療模式。由指定的醫院、保險公司和政府機構共同組成一個龐大的醫療服務網。HMO的觀點是專注於預防保健服務，著眼於其成員的長期健康。在疾病預防控制、健康管理和降低醫療成本方面提供效益，同時注重醫療服務的供給成本、醫療機構的營運成本和效率。台灣的健保制度對一般民眾的保障，其實優於美國等先進國家；因此在我國實際上並沒有類似HMO的保健組織。

（replacement cost）。例如，幾年前你買的房子是十萬美元，但萬一房子毀損，重建成本可能是原來的兩倍。房子及其內容物的投保額，要根據重建成本而定。

別以為保險單會涵蓋所有災害，如洪水或是地震，很可能不包括在內，所以你通常需要再購買附加險，我建議你購買附加險，以支付所有的可能災害損失。

列出你在家裡、公寓，或店裡所有個人擁有的物品，把清單放在安全的保險箱裡，或別處。更好更快的方式是，用錄影設備把房子裡的所有物品拍攝下來，一年更新一次影片，並存放在房子以外的地方。如果你要申請理賠，這個方法非常有用。

屋主產權保險通常可以保障個人在房子裡五〇%到七五%的財產，通常這已經足夠。你不需再購買特殊的附加險以保障若干物品，例如昂貴的珠寶、電腦、銀器，或是毛皮。除非失去這些東西，會嚴重影響你的財務。

僅次於房子，車子通常是個人第二貴重的資產。法律規定每一位有駕照的人都要投保人身傷害險與汽車損害責任險，多數的車險已涵蓋許多項目。有些投保項目是必要的，但是如果你還有其他保險，或是車子很舊，那麼有些投保項目就顯得浪費。例如，你開的是舊車，價值很低，就不必投保綜合險與碰撞險。再次提醒你，保險的唯一目的是保障你負擔不起的大災難。其他附加保險，例如租車賠償與拖吊費等，根本談不上是災難防護，可以略過不保。如果你有一份不錯的醫療保險，也可以省略醫療給付。

如果你擁有自己的事業，要確定商業保險涵蓋意外事故。在家工作的趨勢正方興未艾，一場火災可能同時毀掉住家與事業，你需要額外的商業保險以預防庫存、電腦，與辦公設備的損失。如果你在家做事業，若想保護你的資產，務必詢問商業險經紀人相關事宜。

最後還有一項也滿重要的，就是預防潛在的訴訟風險，購買超過個人淨值一百萬美元的個人責任保護策略保險（personal liability umbrella policy）。在美國這個好興訟的社會，絕對有需要。

可能用到的長期照護險

晨星顧問公司（Morningstar Associates）的財務規畫師蘇・史蒂芬斯（Sue Stevens），對於長期照護險（long-term care insurance）的必要性，有發人深省的說明：

> 每一千人當中，有五人曾經歷過火災，平均成本是三千四百美元。每千人當中，七十人曾經出過車禍，平均成本為三千美元。每千人當中，有六百人將會需要居家護理，平均成本每年五萬美元，平均療養期是三到五年。

請不要誤解我的話，如果你五十歲以下，你不用急著去買長期照護險。事實上，有兩種人不需要長期照護險，一種是財產淨值非常高的人，另一種則是沒什麼財產淨值的人。如果你沒什麼儲蓄，可以接受醫療輔助計畫（Medicaid），政府會支付你的居家看護花費。醫療輔助計畫是一種居家看護福利，雖無法獲得最佳照顧，但也無需付錢。另一方面，如果你有數百萬美元的不固定投資，應該可以自行支付長期看護的花費。

不過，如果在五十多歲時，你的財產淨值介於二十萬美元至三百萬美元之間，就要認真考慮為自己及配偶購買長期照護險[22]。隨著健康醫療的進步，愈來愈多的人可以活得更久。再加上未來數十年，有七千八百萬嬰兒潮出生的人即將退休，會有更多的人需要長期居家看護、生活協助，或是家庭健康照顧。

我與太太均有長期照護險，雖然我懷疑是否用得到。我們在五十多歲時買，當時保險費率相當低，我們還有投保資格，而且健康情況良好。我把長期照護險看成是一種長期失能險，如果我們兩人中有一人需要長期照護，將不會動用到我們為退休準備所做的投資。

如果你要購買長期照護險，好的照護險有以下特點：

- 每日的看護津貼相當於所居住地方居家看護一天的費用，補助費愈高，保險費愈高。
- 計入每年五%的通貨膨脹率，使得每日的看護津貼可以跟得上看護費用的漲幅。

- 至少有三至五年的看護津貼給付期，能終生給付更好。
- 你能負擔得起的免責期（elimination period），免責期就像是自付額一樣，在津貼開始給付之前，你自己支付的免責期愈長，保險費愈便宜。前二十五天可以用健保支付，對多數人而言，一百天的免責期算是可以負擔的。
- 除了未繳保險費外，不能因任何原因取消保險範圍。
- 保險應涵蓋技術與非技術性照顧。看護津貼應包含居家健康與生活協助等照顧，而且不一定要先住院。

㉒ 編注：所謂長期照護狀態是指經專科醫師診斷後，判定如無他人協助，無法自理基本的日常生活活動，即在日常生活上出現失能狀況。或是在意識清醒的情形下有「分辨上之障礙」，需他人為看護照護，即為有「失智症」狀況者。台灣需要長期照顧的原因以腦中風為最大宗，約占六一％，至於失智症、癌症末期轉移、意外傷害與感染則各占一三％，可見長照並非長者專屬。

長期照顧險一般簡稱為長照險，而我國相關政府部門尚未完整完成長照保險法的立法。長照保險的主要精神，是以社會保險的方式為長照服務提供財源，透過保險的大數法則，由全體國民共同分攤長期照顧風險，在民眾失能有長期照顧需要時，使其能獲得基本的保險給付。根據衛生福利部調查，我國約有六十七萬人需要長期照顧，但長期照顧險投保率僅二・〇四％，相當於九成八民眾沒買長照險。相對於政府將來可能提供的長照險，國內商業保險業者通常把長照險分為三種：傳統型長照險、類長照險－特定傷病型以及類長照險－失能扶助型。

- 不能排除一些特殊疾病，例如失智症。
- 出現保單上所規定的狀況，就開始給付津貼。例如，不能穿衣或沐浴時，就可以開始申請津貼。在最好也是最貴的保險中，只要證明認知能力受損，例如患有失智症，即使此人還可以穿衣和沐浴，就可以開始申請給付津貼。
- 免除保費，開始支付看護津貼，就不用再繳保費。
- 除非你所居住的州，每一保單持有人的費率都上漲，否則你的年度保險金額不得上漲。
- 保險可免課稅。保險費可以扣抵所得稅，保險津貼所得也不會被課稅。

最好在六十歲以前購買長期照護險，如果等到七十歲才買，保費將是六十歲購買時的二・五倍。同時，年紀愈大，得慢性病的風險就愈大，屆時你就沒有資格投保了[23]。

本章只是將你可能需要的各種保險做一綜覽，這些資訊並不周延，也不見得適用於每一個人。找一家好的保險公司，協助你選擇自己所需的保險種類。以顧客為導向的保險公司，可以節省你的時間與金錢。你也知道，不是所有的保險公司水準都一樣。有些公司嚴格篩選並訓練人員，提供優良的服務，創造顧客忠誠度。有些公司隨意雇用，員工的週轉率相當高。你所希望的保險公司，當然是有高度倫理、專業性高與服務良好的公司。

你可以向所信任的會計師、財務規畫師、律師與成功的商業人士，要求推薦保險公司，如果數個人的推薦都相同，那就應該不錯。

有些經紀人只代表一家公司，有些經紀人則是獨立的，他們可以有更多選擇，找出最適合你的保險。一旦你找到好的保險經紀人，就盡量把你的保險事務交由他處理，這麼一來你會成為他的重要客戶，經紀人也可因此判斷你的保險是否足夠。好的保險經紀人，會替你找出最適合你需求的保險，而不是最便宜的。他們不會向你推銷你不需要的保險，而且會隨時與你保持聯繫，以確保你的保障是最新而充分的。

最後，記住最好與最便宜的保險，就是事先預防。壞事會發生，但世界仍然是美好的。

- 不要抽菸。
- 定期運動。
- 如果喝酒，一天最多兩杯。
- 繫上安全帶，酒後不開車。
- 吃對的食物，保持適當體重。

㉓編注：六十歲台灣男性購買繳費十年的長照險年繳費率為一萬三千元，而七十歲男性購買相同險種年繳費率為二萬九千元，後者保費是前者的二・二倍。

- 有充分的休息。
- 定期檢查身體、牙齒與視力。
- 微笑，時常大笑。

選擇9

傾聽了解市場的人

你的經紀人可能正往夏威夷度假，因為你向他買了本月促銷商品。

——小亞瑟．李維特，前美國證券交易委員會主席

我喜歡猶太人的幽默，以下是我喜歡的故事之一：

古柏到魯賓斯坦熟食店裡，問魯賓斯坦：「為什麼你對錢這樣聰明？」魯賓斯坦猶豫了一下，想了想，然後回答：「我吃很多鯡魚。」接下來幾個星期，古柏每天去熟食店吃了許多鯡魚。

有一天，古柏非常生氣的走進店裡，質問魯賓斯坦：「你好大的膽子，竟然賣貴的鯡魚給我！古斯坦的熟食店賣同樣的東西，價格只有你的一半。」

魯賓斯坦微笑地說道：「瞧，你已經變聰明了！」

天曉得，關於如何聰明地運用錢，資訊向來不虞匱乏。每天，我們都被各種商業與投資機會的訊息所轟炸。不幸的是，這些資訊大都是害人浪費金錢，甚至根本就是詐欺。如何分辨資訊的好壞？正是本章所要談的主題，進入贏家行列，你必須：

- 只聽好的資訊來源，其他一律拒聽。
- 只對少數賺錢機會點頭說好，其他的不予理會。
- 知道你真正需要的是哪種法律與財務顧問。
- 以合理價錢取得所需要的諮詢與協助。

以合理價錢取得正確的諮詢顧問，第一個也是最重要的關鍵，其實很簡單：從正確的資訊來源處，取得諮詢與投資訊息。

換句話說，不要問理髮師，「我是否該剪頭髮了。」業務員每天纏著你，告訴你一大堆商業與投資訊息，他們關心自己的財富，遠勝於你的。

銷售並沒有什麼不對，我們都是以銷售維生。但是在財務方面，買方與賣方之間往往有利益衝突。業務員想要賣給你的，往往是對他最有利的，而不是對你最有利的東西。因此，你的諮詢對象，應該是那些對你考慮的東西完全沒有財務利益的人。這一點非常重要，否則你就太天真，甚至可能造成嚴重虧損。**沒有偏見的第三者，才能提供客觀的資訊與建議，才是你需要的。**

騙錢大師

那些想把你辛苦所賺的錢弄到手的人，有幾種類型，在主流的金融體制之外，你經常會遇見的有：

1. **花言巧語型**。雖然有時候策畫精巧難以辨認，不過通常不難分辨，因為他們會告訴你，不需要花什麼力氣就可以輕鬆快速賺到錢。例如，國稅局曾報導，數千位非裔美國人曾被騙上當，付給騙子三十美元至兩百美元不等，因為對方說可以為他們申請「奴隸補償」課稅減免。當然，根本就沒有這種課稅減免，這些騙子騙走申請費用。

同樣地，如果你有電子郵件網址，很可能收到一大堆垃圾郵件，說是可以讓你立即賺進大筆的財富。通常會說這是千載難逢的機會，只有少數像你這樣聰明的人被他們所挑中。他們聲稱在短短的幾個月內，利用兼差就賺了許多錢，你也可以做到。總是有人輕易被這些花言巧語所惑，因此這些騙徒始終存在。

2. **研討會大師與電視名嘴**。他們舌粲蓮花，口口聲聲說真的想幫你致富，只要參加他們的課程或是買他們的產品，就會告訴你致富秘訣。課程主題通常是，如何不需付訂金購買不動產、期貨交易、每日沖銷交易、選擇權交易，或是其他所謂的致富秘訣。事實上，他們並不關心你是否變得有錢，他們心裡所想的是，讓你不斷地買他們的書、影音，並參加他們的研討會，好讓他們致富。我們經常可以看到，研討會大師與電視名嘴破產、被控告、遭到國稅局的補稅查封，有些因詐欺而入獄。這些人像是可靠的諮詢對象嗎？

3. **多層次傳銷公司**（multilevel-marketing）。傳銷公司宣稱加入他們的傳銷網，就可以展開自己的事業，在家工作，變得非常有錢。很可能你好心的朋友、親戚，或鄰居，曾經向你推銷過，他們剛和傳銷公司簽約，相信自己已找到致富之道。他們邀請你加入，一百美元買一份基本產品，然後招募其他傳銷者，這些傳銷者又會招募更多傳銷者。這些人都是你的「下線」，你從所賣出去的產品與下線所賣出的產品中，抽取佣金。

加入多層次傳銷可以致富嗎？是的，可以。但是，玩樂透也可以致富，只是機會不大就是了，多層次傳銷也是如此。如我在選擇2中所提，進入贏家之列，必須累積自己的籌碼。美國每十四戶人家，就有一戶的財產淨值在一百萬美元以上。但一般活躍的多層次傳銷人員一個月只賺幾百美元，而九〇%以上的傳銷人員，所賺薪水比貧戶還少。許多有錢的多層次傳銷人員，他們所賺的錢大部分來自所舉辦的激勵大會，以及銷售給下線的書籍和影音產品。招募下線的時候，他們說不一定要購買他們的書和影音，但是他們的成功你也不一定能夠達成。

當然有合法的傳銷公司，如果你問他們賺錢的事，他們會老實告訴你，有些還把平均的賺錢數目公布在網站上。

如果你是因為喜歡這些人、傳銷公司的產品、激勵大會、書、影音等東西，而加入傳銷公司，只要你負擔得起，那也無所謂。在傳銷公司所學到的個人推銷、目標設定、激勵與成功，都是寶貴的課程，對你其他事業領域或生活領域很有幫助。但是，如果你的目標是要進入贏家之列，那麼做其他事情的成功機會較大。把時間與金錢投資在接受良好教育；開創自己的事業，而不是買一個沒有發展的事業；選擇一個自己有熱情的行業，而不是一個向你賣東西的事業。把你準備投入多層次傳銷的錢，投資在不需佣金、成本低的指數型基金。對許多曾嘗試多層次傳銷的人而言，多層次傳銷意味者「許多輸掉的錢」，以及無數浪費掉的時間。

識破騙徒手法

不管別人採取什麼樣的手法想騙你的錢，以下幾點，有助於你識破這些騙徒：

1. **故意製造有錢人的樣子**。穿著名牌服飾，佩戴昂貴珠寶，開著豪華汽車。他們給你看宣傳影片（或名人訪談節目），敘述一對夫婦每天辛苦工作，仍然入不敷出，直到有一天，發現這個賺錢的妙方。他們說，「工作」（job）這個字，就是「只比破產好一點」（just over broke）。他們靠在一輛勞斯萊斯車旁，背景是一座豪宅，現身說法。接著你可以看到他們歡度豪華假期，登上私人飛機，或在大遊艇上航行，你會認為那些東西都是他們的。

2. **以國旗包裝自己，把信仰穿在身上**。他們暗示的訊息是：「我是愛國的人，相信自由企業，我虔誠信仰宗教，以聖經為生活準則，所以你可以相信我（或是這家企業）。」其實這一點意義也沒有，你怎麼知道他們說的是真話？根據我的觀察，真正信仰虔誠與愛國的人，是以行動來表示，而不是靠嘴上說說。當有人告訴你，他有多麼愛國、多麼虔誠時，抓緊你的錢包，別放手。

3. **非常強調激勵的教材、夢想，與信仰的力量**。夢想、信仰，與動機是成功的重要元素，但是成功不能只靠這些東西。你得選擇適合你的才能與熱情的行業，創造對自己有利的機會。只要知道石頭的位置，我們都可以在水上行走。

4. **對具體問題模糊回答**。如果你問：「做這工作，一年收入超過五萬美元的百分比是多少？」你永遠不會得到一個直接而誠實的回答。他們的回答總是：「任何人只要在這一行認真工作，可以賺到想像不到的財富。」而真相是，若是他們公布成功的真正機率，大概就沒有人會聽他們那一套了。真正偉大的賺錢機會，通常不需要大費周章的推銷。只要有人發現那是很棒的機會，馬上就會迅速傳開來，很快地全世界都找上門來了。你認為麥當勞需要到處敲門，靠著朋友宣傳，舉辦「機會大會」或以電視宣傳來推銷加盟店嗎？

5. **如果有人說他們成功的機會很低，就異口同聲誹謗或批判某人**。像是多層次傳銷人員經過多年嘗試，損失數千美元後退出，就經常被說成「失敗者」。說那些人太輕易就放棄，若是堅持下去，就會賺大錢。問題是，要堅持多久，你永遠得不到具體答案。那些退出者直言不諱地公開陳述自身經驗，妨害到傳銷人的生意，所以大家口徑一致，破壞放棄者的信譽，也算是對其他人的警告。在網站上張貼有關多層次傳銷負面經驗的人，曾經被控告。有時候事關數百萬美元，傳銷公司不希望這些負面消息流傳。

6. **買、買、買，不斷地買**。為了成功，總是有買不完的書、影音，或是得參加某個激勵大會。賣書或影音等東西並沒有錯，我自己就賣這些東西，收入還不錯。但故意宣稱在這一行要成功，就非買這些東西不可，而這一行的成功機率又很低時，似乎就是一種駭人的欺騙。

保護自己的七個關卡

賽馬場上有一句格言：「當有錢人遇見有經驗的人，有錢人得到經驗，而有經驗的人則得到錢。」教育的最大好處之一，就是可以向其他人學習經驗，而不必經歷相同的痛苦。遵照一些簡單的原則，再用一點小常識，就可以保護自己不上當。請將以下建議當作關卡，除非通過這七個關卡，否則不要相信任何機會。

1. **做個批判性的思考者**。不是做個負面思考者，而是批判性的思考者。批判性的思考者，聽到或看到任何事情，不會馬上反應，而是會花點時間思考，要求相關證據，並以客觀的眼光評斷事務。不要因為某人承諾給你月亮，就代表他會做到。是誰說的？他有什麼好處？拿出什麼具體事證支持他的說法？有暗藏私心嗎？九五％接近你向你推介生意與投資機會的人，都暗藏私心。

2. **做好功課**。在投資之前，打電話給當地的業務改善局（Better Business Bureau）、各州或各郡的消費者保護機構，或是州政府的檢察總長辦公室，看看是否可以發現若干資訊。聯邦交易委員會（The Federal Trade Commission）有一個很棒的網站（www.ftc.gov），提供商業與投資詐欺最新訊息，另一個不錯的網站是www.crimes_of_persuasion.com。做點調查，可以免除你許多痛苦。

3. **問些明確的問題，並取得書面答覆**。例如，如果不滿意，可不可以退款？兩年之後，平均可以賺到多少錢？中數為多少？五年後是多少？十年後是多少？要求看到明確的數據，如果他們不提供你書面的具體回答，就掉頭而去。

4. **與推銷商所提供的見證人談談，但要保持懷疑**。通常這些見證人只是誘餌，他們拿了推銷商的錢，發表浮誇不實的說詞。因此，心存懷疑是必要的，多點偏執，可以為你省下大筆金錢。

5. **抗拒要你立即簽字的壓力戰術**。如果這項交易在今天不錯，明天也會依然不錯。騙徒經常使用的就是壓力戰術。

6. **別投資自己不了解的東西**。金融作家與專欄作家珍・布蘭特・昆恩（Jane Bryant Quinn）認為，如果你所買的東西，不能跟一位十二歲小孩解釋清楚，就不要買了。買你所了解的東西，否則就走開。

7. **如果有筆生意或投資機會，能通過以上關卡，不妨再聽聽專業人士的意見**。付錢給律師、會計師，或合法的商業顧問，請他們看看相關提案、文件，與合約。如同民謠歌手皮特・席格（Pete Seeger）所說的：「看合約上的小字，表示你受過教育。若是沒看，你就會受到教訓。」

如果你是一個批判性的思考者，多數的推銷過不了第一關，俗話說：「如果某事聽起來太過美好，不像真的，就不是真的。」今日觀之，此言尤真。

你真正需要的諮詢

如果你曾尋求財務諮詢，大概會收到幾本印製精良的小冊子，告訴你如何找到好的財務顧問。這些小冊子大都可以丟入垃圾桶，因為它們真正的目的是要說服你，購買該公司所提供的投資與服務。不過，有兩本不錯的手冊推薦你讀一讀，一是《先鋒集團投資規畫師》（*The Vanguard Investment Planner*），一是《如何選擇財務顧問》（*How to Select a Financial Advisor*），都是由先鋒集團所出版。你可以上網www.vanguard.com或打電話索取，兩本都是免費的。

理財規畫這塊領域就像是從前的西部，大部分地區都是沒有法紀，充斥著狡猾的銷售員。你想成為理財規畫師嗎？如果想，恭喜你！你要做的，就是稱自己是理財規畫師。騙子、股票營業員、保險經紀人、會計師、受過訓練的理財規畫師、銀行家，與律師，都可以合法的聲稱自己是理財規畫師。我希望以上說法可以讓你望而卻步，因為今天稍微小心謹慎，就可省下明日的一大筆錢。

獲得良好諮詢的第一步，是決定你真正需要的是什麼。如果想得到專業協助，就不可能不花錢。如果你從財務顧問那裡買投資產品，很可能在費用與銷售佣金上付出高價錢，但得到的是次等的諮詢。因為實際上，你是在聽一個有偏見的銷售員的話。還不如忍痛付錢給客觀而有品質的專家，至少他只銷售他的經驗。長期而言，你付的錢會較少，而得到較佳的諮詢顧問。記住，九〇％以上的人，都未如此做，這是典型的因小失大。結果，九〇％以上的財務顧問，都是靠佣金生活的銷售員。

大多數人通常針對以下四個領域尋求協助：

1. **完整的理財規畫**。也許你並不需要理財規畫師，可能沒有更好。珍・布蘭特・昆恩在《努力賺錢》（*Making the Most of Your Money*）一書中寫道：「大多數人都不需要專業規畫師，連完整的計畫都不用。要做自己的大師，你只需列出目標、幾個簡單的金融產品、實際的投資期望、進行投資的時間表，以及一位冷靜沉著專門發現騙子的偵探，讓你不致掉入卑鄙的推銷手法。不要因為害怕無法做最好的決定，而拖延不決，通常沒有一個『最佳』的決定，但總有一個會成功。」

事實上，讀一兩本有關理財規畫的好書，或是瀏覽網頁，就可以得到財務規畫的基本概念。有兩本不錯的書，一是昆恩的《努力賺錢》，一是艾瑞克・泰森（Eric Tyson）所著的《個人理財傻瓜手冊》（*Personal Finance for Dummies*）。先鋒集團、富達公司、晨星公司等網站，以及許多其他網站上，都可獲得大量扎實而有用的知識[24]。

假設你需要一位全方位的理財規畫師，希望有人可以檢視你的資產、負債、保險、稅，以及花錢模式，幫助你擬出計畫，達成主要理財目標，如買一棟房子、付小孩的教育費，以及退休等。最好是找一位經過認證的理財規畫師[25]，只收取顧問費用。

依據財務情況的複雜程度，規畫完整的理財計畫，好的規畫師大概會收取五百美元至數千美元不等的顧問費。如果你考慮請當地的理財規畫師，可以在www.cfpboard.org 上查證他們的資格。同時，你也可以查看他們是否曾有懲戒記錄，其中很可能有惡棍以假造的證照開業。

如果理財規畫師的客戶，收入、背景，與目標設定都與你差不多，就是適合你的規畫師。如果你是一個收入中等、投資保守的人，一個大膽投資、客戶都是擁有數百萬美元身價的顧問，就不適合你。

2. **稅務規畫**。如果你的財務生活簡單，又不想自己申報，那種在報稅期間出現的全國性稅務公司，就可以妥善處理你的所得稅退稅。不過，當你資產增加，財務變得更複雜時，一位好的會計師，絕對值得，尤其是當你擁有自己的生意時。

3. **遺產規畫**。每個人都應該有一份遺囑，如果沒有遺囑，就會由政府在你過世後決定誰得到你的財產。如果你的遺產規模中等，財務生活不複雜，可以請律師寫一份簡單的遺囑[26]。除了遺囑之外，請律師擬一份永久授權書（durable power of attorney），以及一份生前遺囑（living will）。當你無法以自己的意志行動時，授權書（power of attorney）將指名某人為你的授權代表。生前遺囑將告訴醫療照顧提供者以及其他人，一旦病重不能說話時，你希望如何被治療。

當你的財產變成美元六位數時，考慮財產信託是明智的。也許一開始很貴，但是一旦你過世，在整理遺產時，遺產信託將省掉你的繼承人許多時間、金錢，與麻煩。如同稅務規畫，遺產規畫的法律相當複雜、經常改變，而且每一州都不盡相同。此外，信託的種類有許多種，需

㉔編注：先鋒集團WISEGO智能理財網站於二〇一九年四月上線，富達與晨星則是利用演算法技術提供Fidelity GO等Robo Advisor機器人理財的服務。嘉實資訊Money DJ理財網、鉅亨網及許多入口網站的專門頁面也有類似理財資訊服務。

近年來台灣金融機構陸續推出運用金融科技、大數據與AI人工智慧的智能投資、智能理財諮詢與網站服務，可以幫助投資人進行投資試算；而主管機關金融監督管理委員會也有推出「金融智慧網」，提供民眾進行金融工具的試算。

此外，線上理財產品比較平台則有Money101.com.tw，提供信用卡、信貸、保險等金融商品的分析比較，協助消費者關於金融商品的搜尋、比價以及理財規畫等服務。

㉕編注：CFP理財規畫師（或稱認證理財規畫顧問）相關問題，可以聯絡台灣理財顧問認證協會（網址：http://www.fpat.org.tw/）。

㉖編注：遺囑是被繼承人在生前所為，死亡時發生效力的行為。遺囑書寫的內容，在不違反「特留分」的情況下，寫遺囑之人可以用遺囑自由處分自己的財產。「特留分」是法律設計出來對遺產繼承人的最低保障，遺產分配不能侵害特留分。有關遺囑公證，可以參考台中地方法院的網站（https://tcd.judicial.gov.tw/notaryinfo.asp?id=32）。

要專家幫你決定何種對你的遺產最有利。在你需要信託之前，你需要的是一個好的理財規畫師或會計師，請他們推薦一位好的遺產規畫律師。

4. **投資建議**。如果你是被動投資，就不需要投資顧問。如果你想找個非常有幫助、知識豐富的人諮詢，可以到晨星網路公司的先鋒投資死硬派論壇（Vanguard Diehards Forum）。這是網路上最佳的投資論壇，而且諮詢是免費的。你會驚訝地發現，看這論壇的人有哪些人，可以學到好多東西[27]。

如果你想找個投資顧問幫你處理投資組合，告訴你一個小秘訣：收費低的好，收費高的不好。這個行業的收費與表現之間的關係，通常正好是成反比的，因為顧問的口袋每增加一塊錢，你的口袋就少了一塊錢。你的投資組合中的資產配置、顧問費，與手續費，決定了投資的長期表現。有些顧問身穿名牌服飾，辦公室裝潢豪華，保證他的操作會勝過市場，為你投資，請你吃午餐，但這些都不能保證投資的長期表現，反而可能減少投資的價值，因為這些熱情、排場，都是你要付代價的。

要求每位顧問提供相關資料，有助於你了解他們，投資之前，問他們在這一行做多久，服務費用是多少。如果你是雇請只收取諮詢費的顧問，要知道他們如何拿到錢。如果不知道，問他們如何收到費用，費用是多少，並寫下來。這是你的錢，你有權知道。

如果會計師、律師，或是理財規畫師企圖向你銷售投資或是金融產品，他們很可能暗藏私心。不論如何，要聽聽其他人的意見。你會去找一個依處方而收取佣金的醫生看病嗎？

不要問朋友有關財務的建議或請他們推薦，除非他們確實是合格的人選，例如是稅務律師、會計師，或理財規畫師。大多數朋友不知道如何鑑定一位好的財務顧問，而且極有可能，他們推薦的是一位銷售員。

盡量多學，財務知識是你的最佳保護。讀書、瀏覽金融網站、參加好的線上財務論壇。你可以怪財務顧問讓你損失不貲，但最終損失的還是你的錢。保護自己，是你的責任，正如《新聞週刊》專欄作家梅格・葛林菲爾德（Meg Greenfield）所說：「最危險的操作者，莫過於只想到他自己的人。」

㉗ 編注：在國內PTT（批踢踢）基金板上（https://www.ptt.cc/bbs/Fund/index.html），有相當多有用的資訊可以提供讀者參考。

選擇10

即知即行

不管你想做什麼，或夢想做什麼，開始去做，
只要勇敢去做，自有天才、力量，與神奇在其中。

——歌德（Johann Wolfgang von Goethe）

創造出大衛石像，不只需要米開朗基羅的技術，還需要他的眼光、時間、天分、耐心，更重要的是持久的毅力。正是這些特質，可以讓你獲得財務自由的夢想。

本書讀到現在，你應該已經知道如何進入贏家之列。但是，光有知識還不夠，還需要行動。知識固然重要，但行動才是一切。贏家知道，財務自由並非取決於你知道什麼，而在於你做了什麼。

那麼，何時開始？今天！就是現在！每延遲一天，你享受財務自由的快樂就減少一天，每

延遲一天，就意味著你要多工作一天才能享受，每延遲一天，就減少你財務獨立的機會。

一旦你擁有這些知識，只有兩件事可以阻擋你進入贏家之列：死亡和自己的作為。百萬富翁的生活，就在於你要不要去做。你要做的，只是去做該做的一切。

最奇怪的秘密

我所聽過有關成功生活最寶貴的三課，來自已故的厄爾．南丁格爾（Earl Nightingale）。在他經典的影音《最奇怪的秘密》（*The Strangest Secret*）中，他對成功的定義是：「逐漸實現有價值的理想。」也就是說，設定好有價值的目標，持續努力達成目標之後，就是真正的成功。即使今日死去，生活依然是成功的，因為以自己的方式追求夢想。只要有人是如此生活，他一定是快樂充實的。如果你在自己所選擇的行業上，朝向財務自由的目標而努力，你已經過著非常成功的生活。晉身贏家之列，只會讓生活更甜美。

厄爾的第二課，就是他所說的「最奇怪的秘密」：我們會成為自己所想要的那種人。人生就是一場自我實現的預言。你的未來，就是你期望的結果。所以，我們要慎思明辨，專注於自己想要做的事情，而不是不想做的事情上。我們的思考方式決定了我們的決策；我們的決策決定我們的作為；我們的作為又決定了我們成功的程度。你被自己的心所指引，會成為自己想要成為的那種人。若是你專注於進入贏家之列，你的行動就像是指南針一樣，會把你帶領到那兒。

厄爾的第三課，雖然較不出名，但卻是我個人的最愛：「成功者不擋自己的路。」我們經常埋怨環境與他人造成我們的命運，但是我們的人生是自己所選擇的結果，這也是選擇10之所以重要的原因：你可以選擇現在就開始做，或是以後才後悔，完全取決於你。在這最後一部分的分析中，人生給我們因與果，而因是不重要的。如同克里斯多福・帕克（Christopher Parker）所說，「拖延就像是信用卡，在接到帳單之前，一切都很快樂。」

你希望有美好人生，你有夢想要實現、有目標要達成、有想要去拜訪的地方、有想要見的人。希望生命中一切美好的事物，你都負擔得起。你希望不虛度此生，希望獲得財務自由，可以掌控自己的命運，有時間可以享受人生，品味人生。

我想告訴你，所有的事情都有可能成真，只要你妥善地投資自己的時間與金錢。我做到了，幾百萬人都做到了，你也可以做到。但是你得開始去做。

繼續待在時間與金錢的陷阱當中，比爬出來要容易得多。只要繼續用老方法做事，該做的事情拖延不做，你就可以待在安樂窩裡。阻擋你進入贏家之列的兩大障礙，不是其他人與環境，而是壞習慣與拖延。

例如，賺了錢就花掉的習慣，使許多人失去獲得財務自由的機會。他們畢業離開學校，找到一份工作，把賺到的錢都花掉，身負龐大的信用卡債務，這些習慣始終不改。他們總有許多理由不存錢，說辭如下：

二十五歲：我們還年輕，才剛開始，我們賺的雖不多，但是我們有權花自己賺的錢來享樂。何況，時間還很多。

三十五歲：我們的孩子還小，還要付房屋貸款。過一陣子，我們會賺更多，貸款減少，孩子也長大了。到那時，我們再來存錢投資。

四十五歲：我們把賺來的錢都花在孩子念大學的費用上了，沒想到學費這麼貴。

五十五歲：我們應該存更多錢，但是在我們這種年紀，薪水高的工作不容易找到，新的事業又不容易開始。真希望好運降臨，到時候我們就可以存錢投資。

六十五歲：我們存錢投資做什麼？社會福利？根本連帳單都付不起。真希望當我們年輕時，有人告訴我們存錢與投資的重要。

當然，很可能有人告訴過他們，但他們聽而不聞。正如政治顧問詹姆斯・卡維爾（James Carville）所說：「看看那些表格上所說的，如果從二十歲開始每年存五百美元，五十歲時就有無數的錢了。不這麼做，就會受苦。你幾乎想抓住年輕人，搖醒他們，對他們說：『求求你們，別再犯和我一樣的錯誤。』」

人。

航向贏家之列

我不知道你年紀多大，但我知道歲月不饒人，成功不會自動降臨，好運道是給有準備的人。

成功者的故事通常有幾點相同之處：首先，他們有一個夢想，這夢想讓他們專注於把資源用於想完成的事情上。其次，他們一開始就努力去做，也許要花數十年才能夢想成真，但是他們毫不耽擱或延遲。他們知道，「有一天」不是一星期當中的某一天，若要等待正確的時間才開始，可能就會等上一輩子。最後，他們知道全心投入才能成功。一旦某人全心投入行動，各種未曾預料的事情就會發生，機會神奇地出現，讓他們夢想成真。就像航海一樣，把船放入海中，規畫好航線，升起帆來，然後風就刮起來了。你的工作是駕馭風，把你帶往目的地。如同歌德所說：「人在獻身投入某件事以前，難免搖擺不定，想要退縮，總是缺乏成效，一旦堅決投入，精誠感動天。各式各樣的事都會出現來幫助他，而這些事本來是不會發生的。」

當你航向贏家之列時，以下幾點，可以幫助你往正確的方向前進：

1. **離開你的舒適圈**。當你決定以熱情投入取代安逸滿足時，你就啟程前往贏家之列了。安逸和滿足是成就、進步，與個人成長的大敵。

我們都是習慣的產物，都是以自己所習慣所預知的方式來支配時間與金錢。要晉身贏家之列，需要新的習慣，一開始，可能會覺得不方便。

因為不會存錢是我們獲取財務自由的最大障礙，所以我再以存錢為例說明。比爾有一份不錯的工作，向來以薪水度日，所賺的錢都花掉了，但他知道財務自由的基礎是要先存錢。他的存錢選擇如下：

- 每個月存一%的薪水，一年終了，比爾就省了一二%的花費。
- 開始做兼職工作，或是開始兼職事業，把賺的錢都省下來。
- 深造進修增加賺錢的潛能，讓他可以找到薪水更高的工作，並存下增加的收入。
- 積極尋找薪水更高的工作或事業，並存下所增加的收入。
- 在生活費較低的地方找一份類似的工作，把差價省下來。

比爾可以選擇其中任何一項或是全部都選，這些都會強迫他改變原來花錢與花時間的方式。他必須離開安樂窩，克服恐懼，冒點風險，做重大的轉變。他也必須明白，新的冒險雖然不一定會成功，但也很少會致命。

成功者知道沒有白吃的午餐，全心投入、工作、風險、改變，與犧牲，是成功的代價，但是絕對值得。進入贏家之列，短期之內很困難，但長期而言，卻非常簡單。最困難的人生，屬於總是欠別人時間與錢的人。

2. **堅定果斷，付諸行動**。雖然重大的決定需要深思熟慮，但是不做決定或是拖延，通常是最浪費時間的另一種形式。牛頓的第一運動定律，動者恆動，靜者恆靜，也適用於人的身上。選定行動的方向，設定主要目標，並展開行動。如果發現方向錯誤，可以隨時改變路線。

夢想可以偉大一點，你的目標嚇到你了嗎？如果是，那應該是不錯的目標。當你害怕時還能付諸行動，這就是勇氣。不知道自己可以走多遠的人，往往可以走非常遠的路。如果你認為冒險是值得的，就去做吧！憑著一定的努力，隨著時間，你會驚訝於自己所完成的事。關鍵在於每天都做一些事，會讓你一天天更接近贏家的行列。

3. **評斷自己在這十個選擇上的表現**。檢討你在這十個選擇上的表現，以脫離時間與金錢的陷阱。最低一分，最高十分，給自己在每一項上的表現打分數。

選擇評分：

1. 過自己想過的生活　□分

2. 累積人生籌碼　□分
3. 節省支出，努力存錢　□分
4. 提高自己的時間價值　□分
5. 少做一些，做得更好　□分
6. 善用意外的事　□分
7. 認清市場勝於擊敗市場　□分
8. 有周全的保險　□分
9. 傾聽了解市場的人　□分
10. 即知即行　□分

選擇可以改進的事項，寫下改進的目標，放入該做事項中，開始展開行動。

4. **追蹤、慶祝、獎勵自己的進步**。在牆上貼一張財富成長表，或是在電腦裡放一張電子試算表，用來追蹤財富的增長。最終目標是累積財富到一年支出費用的二十倍。設定目標可以提醒自己要儲蓄，克制花錢的欲望。

到達贏家之列是一條漫漫長路，因此必須做到：

- 樂在其中。
- 專注於終極目標。
- 保持動機。

選擇正確的事業，才能使自己樂在其中。進展到某一里程碑，就慶祝一番，好讓自己始終專注目標，並且保持動機。達成目標，就獎勵自己，例如，如果你喜歡旅行，投資組合每增加一萬美元，就度一次週末假期，每增加十萬美元，就來個郵輪之旅，達到一百萬美元時，就環遊世界。不過，不要慶祝過頭，讓你遠離贏家之列。

5. **追求卓越，但不是要求完美**。追求卓越是健康的，但完美主義是時間的殺手。多花九九%的時間，只增加一%的表現，一點價值也沒有。把卓越的構想用於工作之上，遠勝於一個從未實行的完美構想。

你不可能凡事完美，也無需如此。只要盡力做好，每天都向理想目標前進。在自己所選擇的事業上努力工作，一心一意存錢投資，以達成財務自由的目標。相信我，那些辛苦會很快過去，不知不覺，你就擁有時間，擁有錢。

現在，把書放下，畫出你邁向贏家的航線，然後開始做。如果你在不久的將來，就會達成財務目標與期望，請繼續讀下去。

第三部

四大要務

一旦你財務獨立
有四件事有助於提升生活品質

要務1

保持財務獨立自主

有固定的收入比丰姿迷人更重要。

——王爾德

我認為二十世紀最偉大的演藝人員是小山姆・戴維斯（Sammy Davis, Jr.），歌唱得好，演技一流，年輕時還是很棒的舞者。除了這些才華，他的模仿秀令人噴飯，還能演奏多項樂器。他真是一位超級巨星，這一生應該賺好幾千萬美元。但是，戴維斯過世之後，國稅局查封他全部的資產以追繳欠稅，他的遺孀被迫搬出去跟親戚同住。

許多人本來家財萬貫，最後卻潦倒以終，其中不乏名人。

- 著名喜劇演員雷德・福克斯（Redd Foxx），曾經演出《山福父子》（*Sanford and*

Son）電視劇，死後無錢可以下葬，還是艾迪・墨菲（Eddie Murphy）幫他支付喪葬費用。

- 一九六九年，茱蒂・迦倫（Judy Garland）悲慘地結束生命時，估計她的資產淨值是負四百萬美元。
- 班傑明・史波克（Benjamin Spock）醫生出版一系列照顧嬰兒與小孩的書籍，賺取的版稅在二千萬美元至三千萬美元之間。但是他晚年時，妻子寫信給朋友與親戚求助，因為無力支付他每個月一萬美元的醫藥費。
- 一九六七年至六八年球季，全美冰上曲棍球職業聯盟的最佳新人是德瑞克・桑德生（Derek Sanderson）。他打了十三個球季，薪資所得超過五百萬美元，而且是最早年薪超過一百萬美元的運動員之一。一九八〇年代初期，他宣告破產，在一家鄉村俱樂部打零工以求溫飽。

進入贏家行列是一回事，能夠持盈保泰又是另一回事。兩者都需要努力，但是做法很不一樣。要務1就是要保持財務獨立。

百萬美元禁不起揮霍

一九五〇年代，每週播出一次的《百萬富翁》（*The Millionaire*）是相當受歡迎的電視劇。每一集開始時，非常富有的慈善家將一百萬美元送給一位普通人。故事就從收到一百萬美元的人如何處置這筆金錢展開，看他們如何改變生活。當年這是很轟動的電視劇，一萬美元的收入在當時算是中上階級，一百萬美元對所有人而言都是天文數字。今天，年收入一萬美元算是貧窮階級，而一百萬美元的購買力相當於一九五〇年的十三萬五千美元。

賺到人生第一個一百萬美元是很大的成就，但是不要誤以為這樣就可以享受名車、遊艇、飛機、別墅，以及豪華旅遊。如果你揮霍，很快就會陷入時間與金錢的陷阱。一百萬美元的投資組合，可以讓你每年有五萬美元的稅前收入，還按照生活費用做調整。如果你渴望像羅賓・利奇（Robin Leach）的「香檳希望與魚子醬夢想」，你需要的就不只一百萬美元。如果你想要更奢華的休閒生活，奉勸你繼續工作。但是如果你希望放下工作，聞一聞玫瑰花香，那一百萬美元應該足夠。多少錢才算夠，完全看你。

在你完全依靠投資組合的收入之前，必須擬定一套財務策略讓投資組合維持下去。也就是說，回答以下兩個重要問題：

1. 我如何分配投資組合？

我最欣賞的分配資產的策略，是邁阿密財務規畫師法蘭克・阿姆斯壯（Frank Armstrong）向我推薦的，計畫相當簡單。

- 將錢分別放在兩個籃子：一個追求成長，一個為了安全。
- 安全的籃子裡放七年生活所需的收入。將你明年所需要的生活費放在貨幣市場基金[28]，其餘六年的收入投資短期債券指數型基金[29]。
- 將投資組合其他的錢購買股票指數型共同基金，這是你的成長籃子。
- 將基金所獲得的所有紅利與利息，都轉入貨幣市場的帳戶。

例如，如果你有一百萬美元的投資金額，將五萬美元放在貨幣市場基金，三十萬美元投資

㉘ 編注：以國內貨幣市場型基金為例，截至二〇一九年十一月底之績效前三名為：台新1699貨幣市場基金、第一金台灣貨幣市場基金及日盛貨幣市場基金。（資料來源：公會排名／嘉實資訊Money DJ理財網）

㉙ 編注：以短期債券指數型基金為例，市場上可以找到的基金有PIMCO品浩太平洋投顧短年期債券基金以及駿利亨德森資產管理基金的駿利亨德森美國短期債券基金。（資料來源：嘉實資訊Money DJ理財網）

短期債券基金，其餘六十五萬美元投資指數型股票基金。

萬一市場長期走空，安全籃子的存款可以讓你提領七年，而不需要拋售股票。這麼長的時間內，任何下跌的股市很有可能反彈到新高點。我先前就提過，股市有漲有跌，長期的趨勢還是看漲。從一九五〇年到二〇〇〇年，有十二次的多頭市場，持續三・七五年，平均上漲一〇〇％。同期有十一次的空頭市場，下跌二五％到三〇％，平均持續九個月。只要你能避免在最不景氣的時候賣到最低點，就能安然無事。如果你覺得可以忍受更大的風險，安全籃子可以減少到五年的生活費，但是不能再少了。不要將五年後你需要用到的錢投入股市。

2. 從投資組合中提領多少錢才算安全？

每年所花的錢不要超過投資組合價值的五％。你或許會想：「為何這麼少？如果股票平均每年上漲一一％，為什麼不能提領更多？」這跟時機有關，如果你從一九八二年開始提領，當時是有史以來最強勁的多頭市場初升段，你可能提領一一％，仍然還有一大筆財富。但是如果你從一九六九年開始，整個七〇年代股市都在下跌，如果你還是提領一一％，那麼你還沒走完人生，老本就已經提領一空。

平均報酬率跟你開始提領時的實際報酬率，其實是沒有關係的。在平均水深一呎的河中，你也可能溺水，因為踩的地方不對。同樣地，如果你運氣不好，在長期空頭市場的初段開始提領，提領比率過高的話，可能就會讓你的資產愈來愈少。如果安全籃子裡有五到七年的生活費，而且每年只提領五%，你就不必仰賴運氣。如果市場在你開始享受退休時起漲，那你的財富可能愈來愈多。

第一年結束時，可能需要補充貨幣市場帳戶的錢，並且重新分配投資組合，以後每年也都一樣。你要如何重新分配，就看股票與債券基金的前一年表現如何。有四種可能狀況，處理的方式如下：

- 狀況一：股票上漲，債券也上漲。減少債券的金額到六年的開銷（假設你在安全籃子裡放七年的開銷費用）。如果必須出售其他基金以補充貨幣市場帳戶的錢，就賣掉股票基金。
- 狀況二：股票上漲，債券下跌。減少股票基金到一開始的水準，但是只出售前一年的獲利，不要賣超過了。這個策略的最高準則，就是不要在股票下跌時拋售。如果賣掉股票的錢不夠補充貨幣市場帳戶的金額，才出售債券基金。未來股票如果上漲，記得要賣股票回補債券基金。
- 狀況三：股票下跌，債券也下跌。減少債券基金，換到貨幣市場基金。再一次提醒，股票下跌時不要賣。股票總是會上漲的，這時候你可以賣掉股票基金，補充安全籃子的錢。

- 狀況四：債券上漲，股票下跌。減少債券基金，轉到貨幣市場基金。

雖然沒有絕對的保證，不過這樣的資產配置與提款策略，可以使你一輩子不會破產。事實上，很有可能使你累積大筆財富，讓你晚年揮霍一下。雖然最理想的目標，是在人生最後一天花光最後的一塊錢，不過這個想法不太實際。死的時候有錢，總比活著的時候擔心最後一塊錢先花光，還是最後一口氣先吐完，要來得好。

也不需這麼小心

一九九七年，雅各・李德（Jacob Leeder）過世，享年八十三歲，留下三千六百萬美元的遺產。這一大筆財富連他二十四年的老友安・赫朵夫（Ann Holdorf）都大吃一驚。

李德一生未婚，沒有小孩也沒有養寵物，住在巴爾的摩郊外一棟毫不起眼的磚造平房，開的是一九八四年份奧斯摩比的旅行車。

李德沒有安裝有線電視，因此每天到赫朵夫家中待上八小時，觀看股市報導節目。結果赫朵夫只好再買一部電視機，才能看自己要看的節目。

赫朵夫幾乎每天晚上在家中為李德烹煮晚餐，偶爾他們會出外到自助餐館或是便宜的餐廳吃一頓。赫朵夫生日時，李德送她的生日禮物，是一百美元的支票。

每次赫朵夫跟李德說想去度假或是到高級餐廳享受一下，李德總是說：「現在不行，市場景氣不太好。」為了感謝赫朵夫多年來的忠實陪伴，李德留給她十五萬美元現金，加上十萬美元的信託基金。大多數遺產都繳稅，其餘分別留給兩名姪子、動物權利團體，與獸醫學校。

要務2

保持活躍的身心

幸福就像蝴蝶，愈想追捕，就愈追不到。
但如果不去理它，
蝴蝶反而翩翩而至，停駐你的肩頭。

——《老當益壯》（*Aging Young*），信聞報

除非你是那少數的有錢人，否則你要花數十年時間學習、工作、儲蓄、投資，才能達到財務自由的目標。時間是很寶貴的資源，要盡量保持身心健全。但是一旦你成為贏家，應該不會時間不夠用。你的行事曆可能排得滿滿的，也可能完全空白，想要做什麼都可以。如果你五十歲就晉身贏家行列，按照平均壽命，你還有三十三年可活，這比你工作的時間還長。你要如何利用這些時間呢？

輕拈玫瑰嗅清香，悠閒享受好時光。財務自由的目標，是讓你創造並享受人生的美好時光。如果你去爬山，就可以飽覽美景，但是不要悶坐家中茫茫度日。

退休有害健康

一九六〇年代，有一位大企業的主管告訴我，他在公司裡一直看到同樣的情景。當時該企業規定，員工一旦六十五歲就強迫退休，所以員工六十四歲時，便開始期待退休。最後一年，準備退休的員工會買一本日曆，掛在工作地點的牆上，每過一天就撕掉一張。六十五歲生日那天，公司會送他一支錶、一面獎牌，並舉行一場感人的退休派對。退休員工迎著夕陽開車離去，開始悠閒過日子。一個月之後，他到工作場所找同事一起吃午餐，後來又來了一兩次。六個月之後，同事參加他的葬禮。

三十年之後，我在澳洲，跟著傑克・柯利斯（Jack Collis）學到很有趣的事情。柯利斯以前擔任保險公司副總裁，目前是優秀的作家、演講人，與畫家，一個真正重新生活的人。我問他為什麼選擇寫作、演講，與繪畫，他告訴我，他從保險公司的精算師處知道兩項統計資料：

- 如果年齡超過六十歲，仍然從事你不喜歡的工作，有五〇％的機率在七年內死亡。

- 如果年齡超過六十歲，離開你不喜歡的工作，沒有以你喜歡的活動取代，有五〇%的機率在七年內死亡。

這兩項統計資料包含很重要的教訓：如果你要活得長壽快樂，就要找你喜歡的事情去做，然後活到老做到老。這就是傑克所做的，我寫這本書時，他已經七十幾歲了，身體還很硬朗。他正在寫一本新書，為他的畫展做企畫與簡報。

紐約國際長壽中心（International Longevity Certer of New York）的總裁羅伯特・巴特勒（Robert Butler）博士指出：「無事可做是對老年人身心健康最嚴重的威脅之一。」身心退化大都不是因為老化，而是因為無事可做，而且缺乏人生目標。任何生理與心理的能力，都是愈用愈強，不用則廢。

如果你有搖椅，扔了吧！願意迎接生理與心理挑戰的人，他們的生活會過得更快樂也更長壽。**老化不是疾病，是一種過程，東西不常用就容易生鏽，人也一樣**。

晉身贏家行列，表示你應該好好重新分配時間。因為不再有工作的束縛，也不必養家餬口，可以隨心所欲，想做什麼就做什麼。不過，如果你幾十年來的生活就只有工作，那麼要開始決定如何投資時間可能很困難。我再說一次，這是開始夢想與設定生活目標的時候。以下幾個問題有助於你思考要做什麼：

- 你對什麼主題很想深入了解或進行研究？
- 你一直夢想住在哪裡？
- 有什麼運動、嗜好，或是活動，是你想學習或是想要精進的？
- 你很想去什麼地方旅遊？
- 如何與人分享你的知識，讓其他人也能受惠？
- 有沒有其他事業或是生意你很想嘗試的？
- 什麼事情讓你最有成就感？（更多細節請看要務3）

財務獨立之後並非從此不需要夢想，仍然可以追求成就與成長，只不過你現在有更多的選擇。每一兩個星期寫下你所想到的每一個構想，然後選擇可以立即追求的想法去做。當你完成有興趣的事後，會訝異日子過得真快。你會覺得奇怪，怎麼有時間完成這些事情。

重新分配時間

決定如何分配時間之後，記住以下幾點：

1. **你不一定要停止工作**。如果你仍然喜歡工作，而且可以得到滿足，那就沒有理由放棄工作，除非你不想再做了。如果你希望花較多時間在其他活動，也許可以減少工作量，或是採取兼職的方式。

雖然有七五%的人說，他們希望未來能夠放下目前的全職工作，但也有九〇%的人打算繼續工作。此外，七〇%的人說，即使沒有財務上的壓力，他們也要繼續工作。二〇三〇年，美國超過六十五歲的人將有七千萬人，這麼多人願意繼續工作，真是一個好消息，否則太浪費這些人的才能與生產力。

2. **古希臘人的小秘訣**。幾年前，我做例行身體檢查時，醫生告訴我說，古代希臘人認為每天必須做三件事情以保持健康：運動以清理身體，學習新知以潔淨心智，聆聽音樂以洗滌靈魂。現在再加上第四項：每天大笑，幽默感非常有益健康。

研究顯示，終身定期運動與從事有挑戰性智力工作的人，得到失智症的機會顯著降低。定期運動包括有氧運動與重量訓練，減少看電視的時間，大多數的電視節目對心智而言是垃圾食品，而且對心理的刺激是被動的。閱讀好書，最好是能寫一本你夢想完成的書。對任何事物保持好奇心與興趣，有許多東西可以學習，誰知道呢？想當年十五歲時，覺得自己聰明絕頂，也許你到老了發現自己真的那麼聰明。已故作家瑪麗・米克・愛克森（Mary Meek Atkeson）就說過：「全世界最好的化妝品就是活躍的心智，總是能發現新鮮的事物。」

3. **將「退休」這個字眼從你的字典上刪除**。退休是一種人為的二十世紀舊觀念，只要你還活著，內心就會希望自己是有用、有貢獻、有生產力的人。不要以為自己太老，無法做你想要做的事情。年輕時也許揮霍青春，但是年老時不要浪費在退休上。

4. **向百歲人瑞學習**。能夠活到一百歲，定有可取之處。如果你有好的基因，或者是女性，長壽的機率顯然比較高。百歲人瑞中女性是男性的九倍。想要活到一百歲，好的基因是決定性因素，不過能否長壽幸福，生活型態則扮演很重要的角色。一百年前，五百個人中只有一個人能活到一百歲。今天，根據美國普查局的資料，嬰兒潮世代（一九四六年至一九六四年出生）的人，九個人中就有一個可以活到九十歲，二十六個人中就有一個可以活到一百歲。

研究顯示，百歲人瑞除了良好基因之外，還有許多共同特質。

1. **樂觀進取，富有活力，情緒穩定，適應性強**。他們能夠妥善處理壓力，富有幽默感，欣然接受無法改變的事實。哈佛醫學院對百歲人瑞進行心理測驗，每個人都不容易產生憤怒、恐懼、焦慮，或是悲傷等極端的情緒反應。

2. **他們熱愛生命，積極參與生活**。百歲人瑞不會因為年紀大而感到意志消沉，他們喜歡處理新的問題，學習新的事物；閱讀、寫作，與繪畫是共同的活動。有些人住在二樓或三樓，每天爬樓梯上下。由於他們生理與心理都很活躍，而且參與生活，因此大都耳聰目明，看起來比實際年齡年輕。偉大的哲學家與教育家莫提默‧艾德勒（Motimer Adler），活到九十八歲，他說：「人的心智跟身體不一樣，可以不斷成長發展，直到死亡為止。」

3. **百歲人瑞與其他人交往頻繁**。他們跟親友密切來往，互相關懷。孤獨寂寞與無事可做，會使人縮短壽命。雖然百歲人瑞喜歡跟人相處，但是他們非常獨立，有堅強的意志，有自己的主見。

4. **許多百歲人瑞有宗教信仰**。他們都認為有崇高至上的力量，賜給他們活力，指引人生方向，供養生計。

簡而言之，就是要保持活動與學習，對生活充滿探索的樂趣。熱情追求好玩有趣的事物，多運動，注意飲食，積極樂觀，信仰宗教。跟樂觀進取的人相處，對於消極悲觀的人則敬而遠之。這些事情無法使你停止老化，但是能夠讓你老當益壯。

要務3

享受回饋之樂

在獨處的寧靜時刻，沒有人來奉承諂媚，此時不禁暗自思忖，非關財富，非關聲名，而是自己做過多少善事。

——米恩（A. A. Milne），《小熊維尼》作者

有個人知道自己日薄西山來日無多，開始擔心過世後財產如何處置。他開始祈禱，上帝也與他對話。他要求上帝，死後可否帶走他的財富。上帝說不可以，但是答應他，可以帶一項財物上天堂。

第二天，這個人開始將金條裝入袋子，打算帶到天堂。他上天堂之後，保羅奇怪地打量他，問他袋子裡有什麼。這人打開袋子，金條滿得掉出來。他跟保羅解釋說，上帝答應他可以帶一項財物上天堂。保羅看著他說：「好的，但是你為什麼要帶鋪路的磚塊？」

這個故事的寓意是，東西的價值因時因地而異。同樣地，你多年來努力工作、儲蓄，與投資，累積相當的財富，足夠讓你舒適滿足地過一生還有餘，甚至還有許多時間可以支配。如果你有這麼一天，不妨考慮奉獻你的時間與金錢，讓這世界更美好。

美國人非常樂善好施，每一年捐獻給非營利機構的錢超過一千五百億美元，其中八五％是個人與家庭所捐獻。也許你定期樂捐給聯合勸募、宗教團體、母校，或是任何慈善機構。你可能有一筆預算，然後沒有想太多就開支票給慈善機構。這樣做很好，值得稱讚。

但是一旦你已經成為贏家，不妨將你的捐獻提升到另一種層次，使你的人生更有滿足感。關鍵就是捐獻得法，讓你與受捐獻者互蒙其利。兩千多年前哲學家亞里斯多德就說過：「捐錢很容易，任何人都有能力做到。但是決定給誰、給多少、什麼時候給、為什麼給、如何給，就不是每個人都有能力做到，也不是一件容易的事。」

成為有效率的捐獻者，必須了解自己，先弄清楚你的選擇、計畫、貢獻，與後續動作。讓我們逐一探討這些步驟。

找出你關心的目標

最令人滿足的捐獻形式就是主動給予，不要等到慈善機構來找你。找一個你很想熱心協助的目標，選擇幾個對象協助，看到他們因為你而有很好的改變，會讓你內心十分滿足。

尋找好的目標就像是開創賺錢的事業，找出需求，然後滿足這需求。你的熱情與世界的需求交集之處，就是你的目標。你最關心的，可能就是你做得最好的。

要發現自己的熱情，請回答以下問題。回顧你的生活，什麼樣的經驗帶給你：

- 最歡欣喜悅？
- 最痛苦煩惱？
- 最艱難困苦？
- 最好的機會？
- 最憂傷悲哀？
- 最大的成功？
- 最大的愛？
- 最氣憤不平？
- 最大的損失？
- 最大的信念？
- 最大的滿足？

- 最有成就感？
- 最大的改進？
- 最大的改變？
- 最幸福快樂？

你回想這些經驗時，請再回答以下的問題：

- 哪些人或機構曾經協助你成功？
- 哪些人曾經對你雪中送炭？
- 艱苦的時候，你真正需要的是什麼樣的協助？
- 別人曾經幫助你，你要如何效法幫助其他人？

安德魯・卡內基（Andrew Carnegie）小時候家境窮困，經常在安德生上校（Colonel Anderson）的私人圖書館看書。他從沒忘記上校的慷慨協助，讓他能夠學習。卡內基成為世界首富之後，回想童年的經驗，於是捐出六百多萬美元，將全美國三千多所市立圖書館建構成一個網絡。他希望每個小孩都能享有免費取用知識的福利，百年之後他的善舉仍然嘉惠學子。

仁科（PeopleSoft）公司創辦人戴夫・達菲爾德（Dave Duffield），他所飼養的迷你雪納瑞梅迪（Maddie），多年來無條件深愛主人，陪伴主人，為了紀念梅迪，達菲爾德成立梅迪基金會（www.maddies.org）。該基金會的目的是阻止健康的狗與貓被宰殺，打算以二億美元成立庇護所與領養中心，並且對流浪貓狗進行絕育手術。

一九九五年，八十八歲的奧莎拉・麥卡迪（Oseola McCarty）捐贈十五萬美元給南密西西比大學，提供獎學金給需要財務協助的學生，此舉贏得全世界的讚美。她七十五年來靠著幫人洗燙衣服謀生，過著十分簡樸的生活，因此她的捐款顯得特別有意義。這筆捐款六〇％是她的終身儲蓄，麥卡迪說：「我只是希望獎學金能幫助有需要的小孩，以及無法幫助自己子女的人。我無法做每件事情，但是我可以做點事情協助某些人。我能做的就去做，希望我能做得更多。」

溫蒂漢堡創辦人戴夫・湯瑪斯（Dave Thomas）本來是個孤兒，年輕時有個充滿愛心的家庭收養他。他希望為孤兒找尋家庭，因此一九九二年成立戴夫湯瑪斯領養基金會。

麥當勞創辦人雷・柯羅克（Ray Kroc）的遺孀瓊恩（Joan），回想起雷生前每當聖誕節就打扮成聖誕老人，為救世軍搖鈴募款。這段回憶使得她捐款八千萬美元給救世軍。

花時間籌畫捐獻

這些案例說明我們的經驗如何引導出我們的熱情，你是否想參與協助以下的事務：找出某種疾病的治療方法，這種疾病曾經奪走你親友的生命？對遭到虐待的婦女兒童提供協助？協助無家可歸的人自立自足？可以做的事情多得數不清。列出你的目標之後，定好幾個對象詳細研究。

找出目標之後，參觀拜訪你能提供協助的組織，並且問自己與他們以下的問題：

1. **該組織的使命與價值觀，是否與你一致？**務必確定你認同慈善機構想要追求的目標。他們為誰提供服務？他們滿足什麼樣的需求？該組織是地方性、全國性，或國際性組織？他們有什麼特點，值得你付出時間與金錢？他們募款與提供服務的態度，你能欣然接受嗎？

2. **該組織是否健全，財務清楚？**你不會希望你的錢捐給今天在、明天就消失的慈善機構，小心假借慈善機構利用善心斂財的人。有些樂捐活動的大部分募款被人中飽私囊，只有一小部分作為慈善用途。募款所得至少要有七〇%是用在慈善事業上。

3. **該組織的工作人員與管理階層是否具備實現使命的技能？**這些人是否具備足夠的知識，經過良好的訓練，有熱誠奉獻的心意與能力，或者只是心有餘而力不足？你可不希望浪費你的時間與金錢。

4. **是否喜歡和這些人相處？**如果你打算擔任志工，請先搞清楚這點。

5. **可以看到你的錢到底用在何處嗎？**看見你的錢流向何處，產生有形的效果，樂捐才有快樂可言。

調查慈善機構時，應該提出這些問題，而且獲得滿意的答案。如果你得不到滿意的答案，那就考慮捐給其他機構。如果沒有任何組織從事你認為重要的目標，不妨自己成立基金會，只要一萬美元就可以成立。

美國政府允許各種捐獻抵減稅額，你可以好好利用。如果有疑問，在捐款前請洽詢稅務律師或會計師。捐款的方式，對你繳納的稅額可能有很大的影響。

例如，如果你要捐贈大筆金額，有時候最好捐贈股票或是共同基金，而不是現金。如果股票增值，你不必付股利所得稅，而且所有的捐贈完全減免所得稅，唯一的限制是捐贈的抵稅總額不能超過淨所得的三〇％。另一方面，如果股票或是共同基金比你購買時的價值還低，最好賣掉，虧損可以抵減稅，將實收款項捐贈出去。如果捐贈現金，最高抵減額度是淨所得的五〇％[30]。

捐贈與動機

如果你想捐贈大筆金額，可以成立各種型態的信託基金，既可抵稅又可提供穩定的收入給你及你的繼承人。請教資產規畫律師，看看哪種選擇適合你。

捐贈有許多種形式，資產與稅務規畫是高度技術的領域，你可能無法獨自處理。在你找出最有成本效益的捐贈方式之前，千萬不要開出鉅額支票[31]。

如果你希望捐贈發揮作用，那就不要只是開支票而已。如果你要捐贈鉅款給慈善機構或基金會，可以附上一些附帶條件。如果他們可以找到新的捐贈者募得一定金額，那你也捐贈相對的數額。以書面規定你的錢要怎麼用，要求看見你的錢用在何處，目的不是要控制該組織，而是確定這筆捐贈從事你所指定的目的。一開始先捐贈少量的金額，讓他們知道，如果善加利用的話，以後還有更多的捐款。如果捐款人只是交出現金，其他一概不管，慈善機構就會日益坐大，愈來愈顢頇無能，要給他們一點誘因去籌募更多捐款。

捐獻之後，要追蹤你的錢是否被有效投資，假設你投資股票或債券基金，不可能從來不去查看績效如何，因此對於捐獻也應該勤加檢核。捐獻是另一種投資，目的是要改善這個世界，增加個人的滿足成就。

簡而言之，利用你達成財務自由的技巧，透過施捨回饋讓自己更滿足。追求你很感興趣的目標，設定少數對象，專心去做。將時間與金錢投資在最有效率的活動與組織，看見自己的貢獻讓這世界更美好，能給你最大的滿足。然後你追蹤錢的動向，確定你的捐獻是有意義的。你簽支票的時候，擁有改變事物的力量。

㉚ 編注：根據我國所得稅法、營利事業所得稅查核準則及相關函令規定，個人一般捐贈現金或實物給教育、文化、公益、慈善機構或團體等的金額有上限，以綜合所得總額二〇％為限；而捐贈現金或實物（例如土地）給政府則無金額限制。營利事業對教育、文化、公益、慈善機關或團體捐贈，除了取得受贈單位的收據外，還可向國稅局辦理扣免繳憑單申報。

㉛ 編注：依據信託法，委託人成立信託以自己為受益人是自益信託；而指定自己以外之人擔任受益人時，因委託人不等同於受益人，屬他益信託並視同贈與，於信託契約簽訂時應依贈與稅課徵規定辦理。此外，以公共利益為目的如慈善、文化、學術、宗教等而成立的信託稱為公益信託。以捐贈方式申請成立公益信託具有節稅效果，可於個人綜合所得二〇％內扣抵或於法人營利所得一〇％內扣抵。提供遺產捐贈或加入被繼承人死亡時已成立之公益信託，該財產不計入遺產總額；但若以遺產成立一個新的公益信託，由於新成立的公益信託並不符合被繼承人死亡時即已成立之條件，因此該筆捐贈公益信託款項，不得於遺產總額中扣除。

要務4

讓人生成為喜樂之旅

生命不是讓人忍受，而是用來享受。

——韓福瑞（Hubert H. Humphrey），前美國副總統及參議員

我們已經一起走完整個旅程，如果你遵照本書的步驟，將可以：

- 繪製人生路線圖。
- 達到財務自由。
- 以自己的方式生活。
- 妥善管理財富。
- 保持活力積極參與事務。

• 繼續讓這世界更美好。

簡而言之，你已經完成一些有價值的目標。不過，請記住，人生不是一個目標，人生是一種每天欣賞與享受的過程。

我不需要再多做解釋，僅以兩個人的文章說明，你看完之後，就會更了解我的意思。第一個人是安・威爾斯（Ann Wells），她曾擔任企業主管的秘書，目前已退休，成為自由作家。第二個人是已故的羅伯特・哈斯丁（Robert J. Hastings），曾任牧師與編輯，著有《泰尼伯格故事集》（*The Tinyburg Tales*）。這兩篇散文都經過刪節。

每天都是特別的日子

姊夫打開姊姊梳妝台的抽屜，拿出一個用棉紙包好的包裹。

他說：「這不是襯裙，這是睡衣。」

姊夫打開棉紙，將襯裙交給我。這是件非常精緻的絲質襯裙，以手工縫製，旁邊的花邊薄細有如蛛絲。價格標籤還在，上面所標示的價格令人咋舌。

「這件是我們第一次去紐約時珍妮買的，至少有八、九年了。她從來沒穿過，打算留到特殊的日子。我想就是這一天了。」

他將襯裙接過去，跟其他衣服放在床上，準備交給殯葬業者。

姊夫以手撫摸這細柔的質料好一會，然後關上抽屜，轉身對我說：

「千萬不要將任何東西留到特殊的日子，你活著的每一天都是特殊的日子。」

姊姊的猝死，讓我在整個葬禮及接下來幾天協助姊夫與外甥女處理雜務時，都在想這句話。

我從中西部姊姊家搭機回加州時，在機上也在想這句話。我想起姊姊沒有看過、聽過，或是做過的事情，我想起姊姊做過的事情，但她不知道這些事情有多特別。

姊夫的那句話改變了我的生活，我現在多閱讀，少做家事。我坐在陽台上欣賞美景，不再抱怨庭園的雜草。我花較多時間陪家人與朋友，盡量減少開會的時間。

無論何時，生活應該是一種欣賞品味的經驗，而不是忍受。我現在很能體會這種時刻，並且相當珍惜。

如果我知道時間不多，即使有什麼事情還沒做完，我也不會生氣。如果我打算去見一位好朋友，卻因為有事拖延，這才令我感到生氣。我打算寫一封信，卻因故沒寫，這才令我生氣。沒有經常告訴丈夫與女兒，說我真的非常愛他們，這才令我感到生氣與遺憾。

任何可以增加我們生活中歡笑與光彩的東西，就趕快享受，不要拖延。每天早上睜開眼睛，我就告訴自己，今天是個特別的日子。

旅程本身就是喜樂

在我們的潛意識裡，總會有一幅田園牧歌的景象，我們看見自己長途跋涉，越過整個大陸。我們搭乘火車旅行，全神貫注看著窗外的風景，公路上的汽車飛馳而過，小孩在平交道旁向我們揮手，牛群在遠方牧地上吃草，工廠的煙囪冒著煙，田野上一排又一排的棉花、玉米、小麥，平原峽谷，都市的天際線，與村莊的教堂。

但是我們心中最重要的是目的地，某一天的某個時辰，火車終於進站，鈴鐺大作，旗海飛舞，還有樂隊奏樂。這一天來臨時，許多美妙的夢想將會實現。所以，我們不停地在走道上踱步，計算著里程，凝視著前方，等待又等待，等待火車到站。

我們答應自己：「是的，等我們到達車站，夢想將會實現。當我們十八歲……獲得升遷……最小的小孩大學畢業……買賓士車……付清房屋貸款……存夠老本退休。」

不過，我們遲早必須了解，生活中沒有車站，根本就沒有終點。旅程本身就是喜樂。車站是個幻覺，永遠在遙遠的前方，昨天是一場回憶，明天是一場夢想。昨天屬於歷史，明天屬於上帝。

結語

看見目標

1. **財富是選擇而非機會**。如果你真的想要財務獨立，你就真的會做到。財務獨立的人不是為錢工作，是他們的錢在為他們工作，而且賺的比他們花的還多。
2. **簡單是通往財富的萬能鑰匙**。管理時間與金錢，最簡單的法則就是最有力的法則。記住勒巴夫法則：投資時間要積極主動，投資金錢要消極被動。管理時間的關鍵是80／20法則，累積財富的關鍵是七二法則。
3. **以資本家的角度思考**。不要賺多少就花多少，下定決心存下一百萬美元的老本，或是你一年生活費的二十倍。
4. **二十世紀最大的禮物，就是平均壽命增加三十年，請善加利用這份大禮**。如果你已經超過二十歲，你未來的時間有一大半是在五十歲之後。
5. **延後享受人生，並不是拒絕享受人生**。有更多錢，才更能享受人生。

開始去做對的事

○過你想要過的生活

×過別人所期待的生活

○累積對自己有利的籌碼

×結果對自己不利

○努力存錢

×揮霍浪費

○提升自己的時間價值

×拚命長時間工作

○少做一點，但做得更好

×每件事情都想做

○利用意料之外的事情

×被意外的事情拖離正軌

○擁有市場

×想擊敗市場

○設立停損點

×讓厄運毀了你

○聽從真正了解市場的人

×聽信銷售人員

○現在就動手

×事後懊惱後悔

歡慶與享受

1. 一旦你已經財務獨立，就要好好保持。
2. 保持活力，積極參與。以前沒有時間做的事情，現在就可以去做、去看、去體驗。
3. 體會施捨回饋的喜悅。
4. 每天都是上天的恩賜，好好慶祝吧！

最後一句話：對於時間與金錢做出聰明的抉擇，你的生活將會十分精采。以這句話與你的子女、家人、朋友共享。

賺錢，也賺幸福

（本書為《錢與閒：10件事，實踐人生，享受財富》新版）

作者	麥可・勒巴夫
譯者	李振昌
商周集團榮譽發行人	金惟純
商周集團執行長	郭奕伶
視覺顧問	陳栩椿
商業周刊出版部	
總編輯	余幸娟
責任編輯	林雲
封面設計	bert
內頁排版	林婕瀅
出版發行	城邦文化事業股份有限公司 - 商業周刊
地址	104台北市中山區民生東路二段141號4樓
傳真服務	（02）2503-6989
劃撥帳號	50003033
戶名	英屬蓋曼群島商家庭傳媒股份有限公司城邦分公司
網站	www.businessweekly.com.tw
香港發行所	城邦（香港）出版集團有限公司 香港灣仔駱克道193號東超商業中心1樓 電話：（852）25086231 傳真：（852）25789337 E-mail：hkcite@biznetvigator.com
製版印刷	鴻柏印刷事業股份有限公司
總經銷	聯合發行股份有限公司 電話：（02）2917-8022
初版1刷	2020年2月
初版8.5刷	2020年6月
定價	台幣360元
ISBN	978-986-7778-94-9（平裝）

國家圖書館出版品預行編目資料

賺錢，也賺幸福/ 麥可・勒巴夫（Michael LeBoeuf）著；
李振昌譯. -- 初版. -- 臺北市 : 城邦商業周刊, 2020.02
面；　公分.
譯自 : The millionaire in you : things you need to do now to
have money and the time to enjoy it
ISBN 978-986-7778-94-9（平裝）
1.投資　2.個人理財
563　108022224

藍學堂

學習・奇趣・輕鬆讀